VORWORT

Die Sammlung "Alles wird gut!" von T&P Books ist für Menschen, die für Tourismus und Geschäftsreisen ins Ausland reisen. Die Sprachführer beinhalten, was am wichtigsten ist - die Grundlagen für eine grundlegende Kommunikation. Dies ist eine unverzichtbare Reihe von Sätzen um zu "überleben", während Sie im Ausland sind.

Dieser Sprachführer wird Ihnen in den meisten Fällen helfen, in denen Sie etwas fragen müssen, Richtungsangaben benötigen, wissen wollen wie viel etwas kostet usw. Es kann auch schwierige Kommunikationssituationen lösen, bei denen Gesten einfach nicht hilfreich sind.

Dieses Buch beinhaltet viele Sätze, die nach den wichtigsten Themen gruppiert wurden. Die Ausgabe enthält auch einen kleinen Wortschatz, der etwas 3.000 der am häufigsten verwendeten Wörter enthält. Ein weiterer Abschnitt des Sprachführers bietet ein gastronomisches Wörterbuch, das Ihnen helfen könnte, Essen in einem Restaurant zu bestellen oder Lebensmittel in einem Lebensmittelladen zu kaufen.

Nehmen Sie den "Alles wird gut" Sprachführer mit Ihnen auf die Reise und Sie werden einen unersetzlichen Begleiter haben, der Ihnen helfen wird, Ihren Weg aus jeder Situation zu finden und Ihnen beibringen wird keine Angst beim Sprechen mit Ausländern zu haben.

INHALTSVERZEICHNIS

T&P Books Publishing

Reisesprachführersammlung
"Alles wird gut!"

T&P Books Publishing

SPRACHFÜHRER
· TADSCHIKISCH ·

Andrey Taranov

Die nützlichsten Wörter und Sätze

Dieser Sprachführer
beinhaltet die häufigsten
Sätze und Fragen,
die für die grundlegende
Kommunikation mit
Ausländern benötigt wird

T&P BOOKS

Sprachführer + Wörterbuch mit 3000 Wörtern

Sprachführer Deutsch-Tadschikisch und thematischer Wortschatz mit 3000 Wörtern

Von Andrey Taranov

Die Sammlung "Alles wird gut!" von T&P Books ist für Menschen, die für Tourismus und Geschäftsreisen ins Ausland reisen. Die Sprachführer beinhalten, was am wichtigsten ist - die Grundlagen für eine grundlegende Kommunikation. Dies ist eine unverzichtbare Reihe von Sätzen um zu "überleben", während Sie im Ausland sind.

Dieses Buch beinhaltet auch ein kleines Vokabular mit etwa 3000, am häufigsten verwendeten Wörtern. Ein weiterer Abschnitt des Sprachführers bietet ein gastronomisches Wörterbuch, das Ihnen helfen kann, Essen in einem Restaurant zu bestellen oder Lebensmittel im Lebensmittelladen zu kaufen.

T&P Books Publishing
www.tpbooks.com

ISBN: 978-1-78616-819-1

Dieses Buch ist auch im E-Book Format erhältlich.
Besuchen Sie uns auch auf www.tpbooks.com oder auf einer der bedeutenden Buchhandlungen online.

AUSSPRACHE

Buchstabe	Tadschikisch Beispiel	T&P phonetisches Alphabet	Deutsch Beispiel
А а	Раҳмат!	[a]	schwarz
Б б	бесоҳиб	[b]	Brille
В в	вафодорй	[v]	November
Г г	гулмоҳй	[g]	gelb
Ғ ғ	мурғобй	[ʁ]	uvulare Vibrant [R]
Д д	мадд	[d]	Detektiv
Е е	телескоп	[eː]	Wildleder
Ё ё	сайёра	[jo]	Jordanien
Ж ж	аждаҳо	[ʒ]	Regisseur
З з	сӯзанда	[z]	sein
И и	шифт	[i]	ihr, finden
Й й	обчакорй	[iː]	Wieviel
Й й	ҳайкал	[j]	Jacke
К к	коргардон	[k]	Kalender
Қ қ	нуқта	[q]	Kobra
Л л	пилла	[l]	Juli
М м	мусиқачй	[m]	Mitte
Н н	нонвой	[n]	Vorhang
О о	посбон	[oː]	groß
П п	папка	[p]	Polizei
Р р	чароғак	[r]	richtig
С с	суръат	[s]	sein
Т т	тарқиш	[t]	still
У у	муҳаррик	[u]	kurz
Ӯ ӯ	кӯшк	[œ]	Hölle
Ф ф	фурӯш	[f]	fünf
Х х	хушксолй	[x]	billig
Ҳ ҳ	чарогоҳ	[h]	brauchbar
Ч ч	чароғ	[tʃ]	Matsch
Ҷ ҷ	ҷанҷол	[dʒ]	Kambodscha
Ш ш	нашриёт	[ʃ]	Chance
Ъ ъ [1]	таърихдон	[ː], [ʼ]	stumme Buchstabe
Э э	эҳтимолй	[ɛ]	essen
Ю ю	юнонй	[ju]	Verzeihung
Я я	яхбурча	[ja]	Jacke

Anmerkungen

[1] [:] - Verlängert die vorangehenden Vokals; nach Konsonanten als "hart Zeichen" verwendet

LISTE DER ABKÜRZUNGEN

Deutsch. Abkürzungen

Adj	-	Adjektiv
Adv	-	Adverb
Amtsspr.	-	Amtssprache
f	-	Femininum
f, n	-	Femininum, Neutrum
Fem.	-	Femininum
m	-	Maskulinum
m, f	-	Maskulinum, Femininum
m, n	-	Maskulinum, Neutrum
Mask.	-	Maskulinum
n	-	Neutrum
pl	-	Plural
Sg.	-	Singular
ugs.	-	umgangssprachlich
unzähl.	-	unzählbar
usw.	-	und so weiter
v mod	-	Modalverb
vi	-	intransitives Verb
vi, vt	-	intransitives, transitives Verb
vt	-	transitives Verb
zähl.	-	zählbar
z.B.	-	zum Beispiel

TADSCHIKISCHER SPRACHFÜHRER

Dieser Teil beinhaltet wichtige Sätze, die sich in verschiedenen realen Situationen als nützlich erweisen können.
Der Sprachführer wird Ihnen dabei helfen nach dem Weg zu fragen, einen Preis zu klären, Tickets zu kaufen und Essen in einem Restaurant zu bestellen.

T&P Books Publishing

INHALT SPRACHFÜHRER

T&P Books Publishing

Entschuldigen Sie bitte, …	**Бубахшед, …** [bubaxʃed, …]
Hallo.	**Салом.** [salom]
Danke.	**Ташаккур.** [taʃakkur]
Auf Wiedersehen.	**То дидан.** [to didan]
Ja.	**Ҳа.** [ha]
Nein.	**Не.** [ne]
Ich weiß nicht.	**Ман намедонам.** [man namedonam]
Wo? | Wohin? | Wann?	**Дар кучо? | Ба кучо? | Кай?** [dar kudʒo? | ba kudʒo? | kaj?]

Ich brauche …	**Ба ман … даркор аст.** [ba man … darkor ast]
Ich möchte …	**Ман … мехоҳам.** [man … meχoham]
Haben Sie …?	**Шумо … доред?** [ʃumo … dored?]
Gibt es hier …?	**Дар ин чо … ҳаст?** [dar in dʒo … hast?]
Kann ich …?	**… метавонам?** [… metavonam?]
Bitte (anfragen)	**Илтимос** [iltimos]

Ich suche …	**Ман … мекобам.** [man … mekobam]
die Toilette	**хочатхона** [χodʒatχona]
den Geldautomat	**худпардоз** [χudpardoz]
die Apotheke	**дорухона** [doruχona]
das Krankenhaus	**беморхона** [bemorχona]
die Polizeistation	**идораи пулис** [idorai pulis]
die U-Bahn	**метро** [metro]

das Taxi	такси [taksi]
den Bahnhof	вокзал [vokzal]

Ich heiße …	Номи ман … [nomi man …]
Wie heißen Sie?	Номи шумо чӣ? [nomi ʃumo tʃi:?]
Helfen Sie mir bitte.	Илтимос, ба ман ёрй диҳед. [iltimos, ba man jori: dihed]
Ich habe ein Problem.	Ман мушкилй дорам. [man muʃkili: doram]
Mir ist schlecht.	Худамро бад ҳис мекунам. [χudamro bad his mekunam]
Rufen Sie einen Krankenwagen!	Ба ёрии таъҷилӣ занг занед! [ba jorii ta'dʒili: zang zaned!]
Darf ich telefonieren?	Мумкин занг занам? [mumkin zang zanam?]

Entschuldigung.	Бубахшед [bubaχʃed]
Keine Ursache.	Намеарзад [namearzad]

ich	ман [man]
du	ту [tu]
er	ӯ, вай [œ, vaj]
sie	ӯ, вай [œ, vaj]
sie (Pl, Mask.)	онҳо [onho]
sie (Pl, Fem.)	онҳо [onho]
wir	мо [mo]
ihr	шумо [ʃumo]
Sie	Шумо [ʃumo]

EINGANG	ДАРОМАДГОҲ [daromadgoh]
AUSGANG	БАРОМАДГОҲ [baromadgoh]
AUßER BETRIEB	КОР НАМЕКУНАД [kor namekunad]
GESCHLOSSEN	ПӮШИДА [pœʃida]

OFFEN

КУШОДА
[kuʃoda]

FÜR DAMEN

БАРОИ ЗАНОН
[baroi zanon]

FÜR HERREN

БАРОИ МАРДОН
[baroi mardon]

Fragen

Wo?	Дар кучо? [dar kuʤo?]
Wohin?	Ба кучо? [ba kuʤo?]
Woher?	Аз кучо? [az kuʤo?]
Warum?	Барои чй? [baroi tʃi:?]
Wozu?	Чаро? [tʃaro?]
Wann?	Кай? [kaj?]

Wie lange?	То кай? [to kaj?]
Um wie viel Uhr?	Дар соати чанд? [dar soati tʃand?]
Wie viel?	Чанд пул? [tʃand pul?]
Haben Sie ...?	Шумо ... доред? [ʃumo ... dored?]
Wo befindet sich ...?	... дар кучо? [... dar kuʤo?]

Wie spät ist es?	Соат чанд? [soat tʃand?]
Darf ich telefonieren?	Мумкин занг занам? [mumkin zang zanam?]
Wer ist da?	Кй? [ki:?]
Darf ich hier rauchen?	Дар ин чо сигор кашида метавонам? [dar in ʤo sigor kaʃida metavonam?]
Darf ich ...?	... метавонам? [... metavonam?]

Bedürfnisse

Ich hätte gerne ...	**Ман ... мехостам.** [man ... meχostam]
Ich will nicht ...	**... намехоҳам.** [... nameχoham]
Ich habe Durst.	**Ман нӯшидан мехоҳам.** [man nœʃidan meχoham]
Ich möchte schlafen.	**Ман хоб дорам.** [man χob doram]

Ich möchte ...	**Ман ... мехоҳам.** [man ... meχoham]
abwaschen	**шустушӯ кардан** [ʃustuʃœ kardan]
mir die Zähne putzen	**дандон шустан** [dandon ʃustan]
eine Weile ausruhen	**каме дам гирифтан** [kame dam giriftan]
meine Kleidung wechseln	**либосамро иваз кардан** [libosamro ivaz kardan]

zurück ins Hotel gehen	**ба меҳмонхона баргаштан** [ba mehmonχona bargaʃtan]
kaufen ...	**... харидан** [... χaridan]
gehen ...	**ба ... рафтан** [ba ... raftan]
besuchen ...	**ба ... боздид кардан** [ba ... bozdid kardan]
treffen ...	**вохӯрдан бо ...** [voχœrdan bo ...]
einen Anruf tätigen	**занг задан** [zang zadan]

Ich bin müde.	**Хаста шудам.** [χasta ʃudam]
Wir sind müde.	**Хаста шудем.** [χasta ʃudem]
Mir ist kalt.	**Хунук мехӯрам.** [χunuk meχœram]
Mir ist heiß.	**Тафсидам.** [tafsidam]
Mir passt es.	**Барои ман хуб.** [baroi man χub]

Ich muss telefonieren. **Ман бояд занг занам.**
[man bojad zang zanam]

Ich muss auf die Toilette. **Бояд ба хоҷатхона равам.**
[bojad ba hoʤatχona ravam]

Ich muss gehen. **Бояд равам.**
[bojad ravam]

Ich muss jetzt gehen. **Ба ман рафтан лозим аст.**
[ba man raftan lozim ast]

Wie man nach dem Weg fragt

Entschuldigen Sie bitte, ...	**Бубахшед, ...** [bubaχ∫ed, ...]
Wo befindet sich ...?	**... дар кучо?** [... dar kudʒo?]
Welcher Weg ist ...?	**... дар кадом самт аст?** [... dar kadom samt ast?]
Könnten Sie mir bitte helfen?	**Илтимос, ба ман ёрй дихед.** [iltimos, ba man jori: dihed]

Ich suche ...	**Ман ... мекобам.** [man ... mekobam]
Ich suche den Ausgang.	**Ман баромадгох мекобам.** [man baromadgoh mekobam]
Ich fahre nach ...	**Ман ба ... меравам.** [man ba ... meravam]
Gehe ich richtig nach ...?	**Ман ба ... дуруст меравам?** [man ba ... durust meravam?]

Ist es weit?	**Ин дур аст?** [in dur ast?]
Kann ich dort zu Fuß hingehen?	**Ба ончо пиёда рафта метавонам?** [ba ondʒo pijoda rafta metavonam?]
Können Sie es mir auf der Karte zeigen?	**Илтимос, дар харита нишон дихед.** [iltimos, dar χarita ni∫on dihed]
Zeigen Sie mir wo wir gerade sind.	**Нишон дихед, ки ҳоло мо дар кучо ҳастем.** [ni∫on dihed, ki holo mo dar kudʒo hastem]

Hier	**Ин чо** [in dʒo]
Dort	**Он чо** [on dʒo]
Hierher	**Ба ин чо** [ba in dʒo]

Biegen Sie rechts ab.	**Ба дасти рост гардед.** [ba dasti rost garded]
Biegen Sie links ab.	**Ба дасти чап гардед.** [ba dasti t∫ap garded]
erste (zweite, dritte) Abzweigung	**гардиши якум (дуюм, сеюм)** [gardi∫i jakum (dujum, sejum)]
nach rechts	**Ба дасти рост** [ba dasti rost]

nach links

Ба дасти чап
[ba dasti tʃap]

Laufen Sie geradeaus.

Рост равед.
[rost raved]

Schilder

HERZLICH WILLKOMMEN!	**ХУШ ОМАДЕД!** [χuʃ omaded!]
EINGANG	**ДАРОМАДГОҲ** [daromadgoh]
AUSGANG	**БАРОМАДГОҲ** [baromadgoh]

DRÜCKEN	**АЗ ХУД** [az χud]
ZIEHEN	**БА ХУД** [ba χud]
OFFEN	**КУШОДА** [kuʃoda]
GESCHLOSSEN	**ПӮШИДА** [pœʃida]

FÜR DAMEN	**БАРОИ ЗАНОН** [baroi zanon]
FÜR HERREN	**БАРОИ МАРДОН** [baroi mardon]
HERREN-WC	**ҲОҶАТХОНАИ МАРДОНА** [hoʤatχonai mardona]
DAMEN-WC	**ҲОҶАТХОНАИ ЗАНОНА** [hoʤatχonai zanona]

RABATT | REDUZIERT	**ТАХФИФ** [taχfif]
AUSVERKAUF	**ҲАРОҶ** [haroʤ]
GRATIS	**РОЙГОН** [rojgon]
NEU!	**НАВБАРОМАД!** [navbaromad!]
ACHTUNG!	**ДИҚҚАТ!** [diqqat!]

KEINE ZIMMER FREI	**ҶОЙ НЕСТ** [ʤoj nest]
RESERVIERT	**БАНД АСТ** [band ast]
VERWALTUNG	**МАЪМУРИЯТ** [ma'murijat]
NUR FÜR PERSONAL	**ТАНҲО БАРОИ ҲАЙАТ** [tanho baroi hajat]

BISSIGER HUND	**САГИ ГАЗАНДА** [sagi gazanda]
RAUCHEN VERBOTEN!	**СИГОР НАКАШЕД!** [sigor nakaʃed!]
NICHT ANFASSEN!	**ЛАМС НАКУНЕД!** [lams nakuned!]
GEFÄHRLICH	**ХАТАРНОК** [χatarnok]
GEFAHR	**ХАТАР** [χatar]
HOCHSPANNUNG	**ШИДДАТИ БАЛАНД** [ʃiddati baland]
BADEN VERBOTEN	**ОББОЗӢ МАНЪ АСТ** [obbozi: man' ast]
AUßER BETRIEB	**КОР НАМЕКУНАД** [kor namekunad]
LEICHTENTZÜNDLICH	**ОТАШАНГЕЗ** [otaʃangez]
VERBOTEN	**МАНЪ АСТ** [man' ast]
DURCHGANG VERBOTEN	**ГУЗАШТАН МАНЪ АСТ** [guzaʃtan man' ast]
FRISCH GESTRICHEN	**РАНГ КАРДА ШУДААСТ** [rang karda ʃudaast]
WEGEN RENOVIERUNG GESCHLOSSEN	**ПӮШИДА, ТАЪМИР МЕРАВАД** [pœʃida, ta'mir meravad]
ACHTUNG BAUARBEITEN	**ТАЪМИРИ РОҲ** [ta'miri roh]
UMLEITUNG	**РОҲИ ДАВРОДАВР** [rohi davrodavr]

Transport - Allgemeine Phrasen

Flugzeug	тайёра [tajjora]
Zug	қатор [qator]
Bus	автобус [avtobus]
Fähre	паром [parom]
Taxi	такси [taksi]
Auto	мошин [moʃin]

Zeitplan	ҷадвал [dʒadval]
Wo kann ich den Zeitplan sehen?	Ҷадвалро дар куҷо дидан мумкин? [dʒadvalro dar kudʒo didan mumkin?]
Arbeitstage	рӯзҳои корӣ [rœzhoi kori:]
Wochenenden	рӯзҳои истироҳат [rœzhoi istirohat]
Ferien	рӯзҳои идона [rœzhoi idona]

ABFLUG	ХУРУҶ [χurudʒ]
ANKUNFT	ВУРУД [vurud]
VERSPÄTET	ТАЪХИР ДОРАД [ta'χir dorad]
GESTRICHEN	ЛАҒВ ШУД [laǧv ʃud]

nächste (Zug, usw.)	навбатӣ [navbati:]
erste	якум [jakum]
letzte	охирон [oχiron]

Wann kommt der Nächste …?	… навбатӣ кай меояд? [… navbati: kaj meojad?]
Wann kommt der Erste …?	… якум кай меравад? [… jakum kaj meravad?]

Wann kommt der Letzte ...?

... охирон кай меравад?
[… oχiron kaj meravad?]

Transfer

гузариш
[guzariʃ]

einen Transfer machen

буро-фуро кардан
[buro-furo kardan]

Muss ich einen Transfer machen?

Ба ман буро-фуро кардан лозим.
[ba man buro-furo kardan lozim]

Eine Fahrkarte kaufen

Wo kann ich Fahrkarten kaufen?	**Чиптаҳоро аз кучо харида метавонам?** [tʃiptahoro az kudʒo χarida metavonam?]
Fahrkarte	**чипта** [tʃipta]
Eine Fahrkarte kaufen	**чипта харидан** [tʃipta χaridan]
Fahrkartenpreis	**нархи чипта** [narχi tʃipta]
Wohin?	**Ба кучо?** [ba kudʒo?]
Welche Station?	**То кадом истгоҳ?** [to kadom istgoh?]
Ich brauche …	**Ба ман … даркор аст.** [ba man … darkor ast]
eine Fahrkarte	**як чипта** [jak tʃipta]
zwei Fahrkarten	**ду чипта** [du tʃipta]
drei Fahrkarten	**се чипта** [se tʃipta]
in eine Richtung	**ба як тараф** [ba jak taraf]
hin und zurück	**ба ҳар ду тараф** [ba har du taraf]
erste Klasse	**дараҷаи якум** [daradʒai jakum]
zweite Klasse	**дараҷаи дуюм** [daradʒai dujum]
heute	**имрӯз** [imrœz]
morgen	**фардо** [fardo]
übermorgen	**пасфардо** [pasfardo]
am Vormittag	**саҳарӣ** [sahari:]
am Nachmittag	**рӯзона** [rœzona]
am Abend	**бегоҳӣ** [begohi:]

Gangplatz	**чойи назди гузаргоҳ** [dʒoji nazdi guzargoh]
Fensterplatz	**чойи назди тиреза** [dʒoji nazdi tireza]
Wie viel?	**Чанд-то?** [tʃand-to?]
Kann ich mit Karte zahlen?	**Бо корт пардохтан мумкин?** [bo kort pardoχtan mumkin?]

Bus

Bus	**автобус** [avtobus]
Fernbus	**автобуси байнишаҳрй** [avtobusi bajniʃahri:]
Bushaltestelle	**истогоҳи автобус** [istogohi avtobus]
Wo ist die nächste Bushaltestelle?	**Наздиктарин истогоҳи автобус дар куҷо?** [nazdiktarin istogohi avtobus dar kudʒo?]

Nummer	**рақам** [raqam]
Welchen Bus nehme ich um nach ... zu kommen?	**Кадом автобус ба ... мебарад?** [kadom avtobus ba ... mebarad?]
Fährt dieser Bus nach ...?	**Ин автобус то ... мебарад?** [in avtobus to ... mebarad?]
Wie oft fahren die Busse?	**Автобусҳо зуд-зуд мегарданд?** [avtobusho zud-zud megardand?]

alle fünfzehn Minuten	**ҳар понздаҳ дақиқа** [har ponzdah daqiqa]
jede halbe Stunde	**ҳар ним соат** [har nim soat]
jede Stunde	**ҳар соат** [har soat]
mehrmals täglich	**якчанд маротиба дар рӯз** [jaktʃand marotiba dar rœz]
... Mal am Tag	**... бор дар як рӯз.** [... bor dar jak rœz]

Zeitplan	**ҷадвал** [dʒadval]
Wo kann ich den Zeitplan sehen?	**Ҷадвалро дар куҷо дидан мумкин?** [dʒadvalro dar kudʒo didan mumkin?]
Wann kommt der nächste Bus?	**автобуси навбатӣ кай меояд?** [avtobusi navbati: kaj meojad?]
Wann kommt der erste Bus?	**автобуси якум кай меравад?** [avtobusi jakum kaj meravad?]
Wann kommt der letzte Bus?	**автобуси охирон кай меравад?** [avtobusi oχiron kaj meravad?]

Halt	**истгоҳ** [istgoh]
Nächster Halt	**истгоҳи оянда** [istgohi ojanda]
Letzter Halt	**истгоҳи охир** [istgohi oxir]
Halten Sie hier bitte an.	**Лутфан, дар ҳамин ҷо нигоҳ доред.** [lutfan, dar hamin ʤo nigoh dored]
Entschuldigen Sie mich, dies ist meine Haltestelle.	**Иҷозат диҳед, ин истгоҳи ман аст.** [iʤozat dihed, in istgohi man ast]

Zug

Zug	қатор [qator]
S-Bahn	қатори наздишаҳрӣ [qatori nazdiʃahri:]
Fernzug	қатори дуррав [qatori durrav]
Bahnhof	вокзал [vokzal]
Entschuldigen Sie bitte, wo ist der Ausgang zum Bahngleis?	Бубахшед, баромадгоҳ ба назди қаторҳо дар куҷо? [bubaxʃed, baromadgoh ba nazdi qatorho dar kudʒo?]

Fährt dieser Zug nach ...?	Ин қатор то ... мебарад? [in qator to ... mebarad?]
nächste Zug	қатори навбатӣ [qatori navbati:]
Wann kommt der nächste Zug?	Қатори навбатӣ кай меояд? [qatori navbati: kaj meojad?]
Wo kann ich den Zeitplan sehen?	Ҷадвалро дар куҷо дидан мумкин? [dʒadvalro dar kudʒo didan mumkin?]
Von welchem Bahngleis?	Аз кадом платформа? [az kadom platforma?]
Wann kommt der Zug in ... an?	Қатор ба ... кай мерасад? [qator ba ... kaj merasad?]

Helfen Sie mir bitte.	Илтимос, ба ман ёрӣ диҳед. [iltimos, ba man jori: dihed]
Ich suche meinen Platz.	Ман ҷоямро мекобам. [man dʒojamro mekobam]
Wir suchen unsere Plätze.	Мо ҷойҳоямонро меҷӯем. [mo dʒojhojamonro medʒœem]
Unser Platz ist besetzt.	Ҷойи ман банд аст. [dʒoji man band ast]
Unsere Plätze sind besetzt.	Ҷойҳои мо бананд. [dʒojhoi mo bandand]

Entschuldigen Sie, aber das ist mein Platz.	Бубахшед, лекин ин ҷойи ман аст. [bubaxʃed, lekin in dʒoji man ast.]
Ist der Platz frei?	Ин ҷой озод аст? [in dʒoj ozod ast?]
Darf ich mich hier setzen?	Ба ин ҷо шиштан мумкин? [ba in dʒo ʃiʃtan mumkin?]

Im Zug - Dialog (Keine Fahrkarte)

Fahrkarte bitte.	**Лутфан, чиптаи шумо.** [lutfan, tʃiptai ʃumo]
Ich habe keine Fahrkarte.	**Ман чипта надорам.** [man tʃipta nadoram]
Ich habe meine Fahrkarte verloren.	**Ман чиптаамро гум кардам.** [man tʃiptaamro gum kardam]
Ich habe meine Fahrkarte zuhause vergessen.	**Ман чиптаамро дар хона мондам.** [man tʃiptaamro dar χona mondam]
Sie können von mir eine Fahrkarte kaufen.	**Шумо аз ман чипта харида метавонед.** [ʃumo az man tʃipta χarida metavoned]
Sie werden auch eine Strafe zahlen.	**Боз шумо бояд ҷарима супоред.** [boz ʃumo bojad dʒarima supored]
Gut.	**Хуб.** [χub]
Wohin fahren Sie?	**Шумо ба куҷо сафар доред?** [ʃumo ba kudʒo safar dored?]
Ich fahre nach …	**Ман то … меравам.** [man to … meravam]
Wie viel? Ich verstehe nicht.	**Чанд? Ман намефаҳмам.** [tʃand? man namefahmam]
Schreiben Sie es bitte auf.	**Илтимос, нависед.** [iltimos, navised]
Gut. Kann ich mit Karte zahlen?	**Хуб. Бо корт пардохт карда метавонам?** [χub. bo kort pardoχt karda metavonam?]
Ja, das können Sie.	**Бале, метавонед.** [bale, metavoned]
Hier ist ihre Quittung.	**Ана квитансияи шумо.** [ana kvitansijai ʃumo]
Tut mir leid wegen der Strafe.	**Барои ҷарима афсӯс мехӯрам.** [baroi dʒarima afsœs meχœram]
Das ist in Ordnung. Es ist meine Schuld.	**Ҳеҷ гап не. Айби худам.** [hedʒ gap ne. ajbi χudam]
Genießen Sie Ihre Fahrt.	**Роҳи сафед.** [rohi safed]

Taxi

Taxi	**такси** [taksi]
Taxifahrer	**ронандаи такси, таксичӣ** [ronandai taksi, taksitʃi:]
Ein Taxi nehmen	**такси гирифтан** [taksi giriftan]
Taxistand	**истгоҳи такси** [istgohi taksi]
Wo kann ich ein Taxi bekommen?	**Дар куҷо такси ёфта метавонам?** [dar kudʒo taksi jofta metavonam?]

Ein Taxi rufen	**такси фармудан** [taksi farmudan]
Ich brauche ein Taxi.	**Ба ман такси даркор аст.** [ba man taksi darkor ast]
Jetzt sofort.	**Худи ҳозир.** [xudi hozir]
Wie ist Ihre Adresse? (Standort)	**Нишонии шумо?** [niʃonii ʃumo?]
Meine Adresse ist …	**Нишонии ман …** [niʃonii man …]
Ihr Ziel?	**Ба куҷо меравед?** [ba kudʒo meraved?]
Entschuldigen Sie bitte, …	**Бубахшед, …** [bubaxʃed, …]
Sind Sie frei?	**Шумо озод?** [ʃumo ozod?]
Was kostet die Fahrt nach …?	**То ба … чанд пул мешавад?** [to ba … tʃand pul meʃavad?]
Wissen Sie wo es ist?	**Шумо дар куҷо буданашро медонед?** [ʃumo dar kudʒo budanaʃro medoned?]

Flughafen, bitte.	**Ба фурудгоҳ, хоҳиш мекунам.** [ba furudgoh, xohiʃ mekunam]
Halten Sie hier bitte an.	**Лутфан, дар ҳамин ҷо нигоҳ доред.** [lutfan, dar hamin dʒo nigoh dored]
Das ist nicht hier.	**Дар ин ҷо не.** [dar in dʒo ne]
Das ist die falsche Adresse.	**Ин нишонии ғалат аст.** [in niʃonii ğalat ast]

nach links	**Ҳоло ба чап.** [holo ba tʃap]
nach rechts	**Ҳоло ба рост.** [holo ba rost]

Was schulde ich Ihnen?	**Чанд пул бояд диҳам?** [tʃand pul bojad diham?]
Ich würde gerne ein Quittung haben, bitte.	**Лутфан, ба ман чек диҳед.** [lutfan, ba man tʃek dihed]
Stimmt so.	**Бақия лозим нест.** [baqija lozim nest]

Warten Sie auf mich bitte	**Лутфан, маро мунтазир шавед.** [lutfan, maro muntazir ʃaved]
fünf Minuten	**панҷ дақиқа** [pandʒ daqiqa]
zehn Minuten	**даҳ дақиқа** [dah daqiqa]
fünfzehn Minuten	**понздаҳ дақиқа** [ponzdah daqiqa]
zwanzig Minuten	**бист дақиқа** [bist daqiqa]
eine halbe Stunde	**ним соат** [nim soat]

Hotel

Guten Tag.	**Салом.** [salom]
Mein Name ist …	**Номи ман …** [nomi man …]
Ich habe eine Reservierung.	**Утоқеро резерв кардам.** [utoqero rezerv kardam]
Ich brauche …	**Ба ман … даркор аст.** [ba man … darkor ast]
ein Einzelzimmer	**утоқи якнафара** [utoqi jaknafara]
ein Doppelzimmer	**утоқи дунафара** [utoqi dunafara]
Wie viel kostet das?	**Он чанд пул аст?** [on tʃand pul ast?]
Das ist ein bisschen teuer.	**Ин каме қимат аст.** [in kame qimat ast]
Haben Sie sonst noch etwas?	**Шумо боз ягон чизи дигар доред?** [ʃumo boz jagon tʃizi digar dored?]
Ich nehme es.	**Ман онро мегирам.** [man onro megiram]
Ich zahle bar.	**Ман пули нақд медиҳам.** [man puli naqd mediham]
Ich habe ein Problem.	**Ман мушкилӣ дорам.** [man muʃkili: doram]
Mein … ist kaputt.	**… ман шикастагӣ.** [… man ʃikastagi:]
Mein … ist außer Betrieb.	**… ман кор намекунад.** [… man kor namekunad]
Fernseher	**телевизор** [televizor]
Klimaanlage	**кондитсионер** [konditsioner]
Wasserhahn	**кран** [kran]
Dusche	**душ** [duʃ]
Waschbecken	**дастшӯяк** [dastʃœjak]
Safe	**сейф** [sejf]

Türschloss	**қуфл** [qufl]
Steckdose	**розетка** [rozetka]
Föhn	**фен** [fen]

Ich habe kein …	**Ман … надорам.** [man … nadoram]
Wasser	**об** [ob]
Licht	**нури чароғ** [nuri tʃaroğ]
Strom	**барқ** [barq]

Können Sie mir … geben?	**Ба ман … дода метавонед?** [ba man … doda metavoned?]
ein Handtuch	**дастрӯймол** [dastrœjmol]
eine Decke	**кӯрпа** [kœrpa]
Hausschuhe	**шиппак** [ʃippak]
einen Bademantel	**халат** [χalat]
etwas Shampoo	**шампун** [ʃampun]
etwas Seife	**собун** [sobun]

Ich möchte ein anderes Zimmer haben.	**Утоқамро иваз кардан мехостам.** [utoqamro ivaz kardan meχostam]
Ich kann meinen Schlüssel nicht finden.	**Ман калидамро ёфта наметавонам.** [man kalidamro jofta nametavonam]
Machen Sie bitte meine Tür auf	**Илтимос, утоқи маро кушоед.** [iltimos, utoqi maro kuʃoed]
Wer ist da?	**Кӣ?** [ki:?]
Kommen Sie rein!	**Дароед!** [daroed!]
Einen Moment bitte!	**Як дақиқа!** [jak daqiqa!]
Nicht jetzt bitte.	**Илтимос, ҳозир не.** [iltimos, hozir ne]

Kommen Sie bitte in mein Zimmer.	**Марҳамат, ба утоқи ман дароед.** [marhamat, ba utoqi man daroed]
Ich würde gerne Essen bestellen.	**Мехоҳам бифармоям, ки хӯрокро ба утоқам биёранд.** [meχoham bifarmojam, ki χœrokro ba utoqam bijorand]

Meine Zimmernummer ist …	**Рақами утоқи ман …** [raqami utoqi man …]
Ich reise … ab.	**… ман аз ин ҷо меравам.** [… man az in dʒo meravam]
Wir reisen … ab.	**… мо аз ин ҷо меравем.** [… mo az in dʒo meravem]
jetzt	**ҳозир** [hozir]
diesen Nachmittag	**имрӯз, пас аз хӯроки нисфирӯзй** [imrœz, pas az xœroki nisfirœzi:]
heute Abend	**имрӯз бегоҳй** [imrœz begohi:]
morgen	**фардо** [fardo]
morgen früh	**субҳи фардо** [subhi fardo]
morgen Abend	**шоми фардо** [ʃomi fardo]
übermorgen	**пасфардо** [pasfardo]

Ich möchte die Zimmerrechnung begleichen.	**Аз ман чанд пул?** [az man tʃand pul?]
Alles war wunderbar.	**Ҳамааш олй буд.** [hamaaʃ oli: bud]
Wo kann ich ein Taxi bekommen?	**Дар кучо такси ёфта метавонам?** [dar kudʒo taksi jofta metavonam?]
Würden Sie bitte ein Taxi für mich holen?	**Илтимос, ба ман такси фармоед.** [iltimos, ba man taksi farmoed]

Restaurant

Könnte ich die Speisekarte sehen bitte?
Менюи шуморо дидан мумкин?
[menjui ʃumoro didan mumkin?]

Tisch für einen.
Миз барои як кас.
[miz baroi jak kas]

Wir sind zu zweit (dritt, viert).
Мо ду (се, чор) кас.
[mo du (se, tʃor) kas]

Raucher
Барои сигор мекашидагихо
[baroi sigor mekaʃidagiho]

Nichtraucher
Барои сигор намекашидагихо
[baroi sigor namekaʃidagiho]

Entschuldigen Sie mich!
(Einen Kellner ansprechen)
Лутфан!
[lutfan!]

Speisekarte
меню, номгӯйи хӯрокхо
[menju, nomgœji χœrokho]

Weinkarte
корти майхо
[korti majho]

Die Speisekarte bitte.
Меню, лутфан.
[menju, lutfan]

Sind Sie bereit zum bestellen?
Шумо ба фармоиш додан омода хастед?
[ʃumo ba farmoiʃ dodan omoda hasted?]

Was würden Sie gerne haben?
Чй мефармоед?
[tʃi: mefarmoed?]

Ich möchte …
Ба ман ... биёред.
[ba man ... bijored]

Ich bin Vegetarier.
Ман гиёххӯр хастам.
[man gijohχœr hastam]

Fleisch
гӯшт
[gœʃt]

Fisch
мохй
[mohi:]

Gemüse
сабзавот
[sabzavot]

Haben Sie vegetarisches Essen?
Шумо хӯрокхои бегӯшт доред?
[ʃumo χœrokhoi begœʃt dored?]

Ich esse kein Schweinefleisch.
Ман гӯшти хук намехӯрам.
[man gœʃti χuk nameχœram]

Er /Sie/ isst kein Fleisch.
Ӯ гӯшт намехӯрад.
[œ gœʃt nameχœrad]

Ich bin allergisch auf ...	**Ман ба ... ҳассосият дорам.** [man ba ... hassosijat doram]
Könnten Sie mir bitte ... Bringen.	**Лутфан, ба ман ... биёред.** [lutfan, ba man ... bijored]
Salz | Pfeffer | Zucker	**намак | мурч | шакар** [namak | murtʃ | ʃakar]
Kaffee | Tee | Nachtisch	**қаҳва | чой | ширинй** [qahva | tʃoj | ʃirini:]
Wasser | Sprudel | stilles	**об | газнок | бе газ** [ob | gaznok | be gaz]
einen Löffel | eine Gabel | ein Messer	**қошук | чангол | корд** [qoʃuq | tʃangol | kord]
einen Teller | eine Serviette	**табақча | дастмол** [tabaqtʃa | dastmol]

Guten Appetit!	**Иштиҳои том!** [iʃtihoi tom!]
Noch einen bitte.	**Лутфан, боз биёред.** [lutfan, boz bijored]
Es war sehr lecker.	**Хеле бомаза буд.** [χele bomaza bud]

Scheck | Wechselgeld | Trinkgeld	**ҳисобй | бақия | чойпулй** [hisobi: | baqija | tʃojpuli:]
Zahlen bitte.	**Лутфан, ҳисоб кунед.** [lutfan, hisob kuned]
Kann ich mit Karte zahlen?	**Бо корт пардохта метавонам?** [bo kort pardoχta metavonam?]
Entschuldigen Sie, hier ist ein Fehler.	**Бубахшед, дар ин ҷо хато шудааст.** [bubaχʃed, dar in dʒo χato ʃudaast]

Einkaufen

Kann ich Ihnen behilflich sein?
Метавонам ба шумо ёрй диҳам?
[metavonam ba ʃumo jori: diham?]

Haben Sie ...?
Шумо ... доред?
[ʃumo ... dored?]

Ich suche ...
Ман ... мекобам.
[man ... mekobam]

Ich brauche ...
Ба ман ... даркор аст.
[ba man ... darkor ast]

Ich möchte nur schauen.
Ҳамту тамошо мекунам.
[hamtu tamoʃo mekunam]

Wir möchten nur schauen.
Мо ҳамту тамошо мекунем
[mo hamtu tamoʃo mekunem]

Ich komme später noch einmal zurück.
Ман дертар меоям.
[man dertar meojam]

Wir kommen später vorbei.
Мо дертар меоем.
[mo dertar meoem]

Rabatt | Ausverkauf
тахфиф | ҳароч
[tahfif | harodʒ]

Zeigen Sie mir bitte ...
Лутфан, ба ман ... нишон диҳед.
[lutfan, ba man ... niʃon dihed]

Geben Sie mir bitte ...
Лутфан, ба ман ... диҳед.
[lutfan, ba man ... dihed]

Kann ich es anprobieren?
Мумкин инро пӯшида бинам?
[mumkin inro pœʃida binam?]

Entschuldigen Sie bitte, wo ist die Anprobe?
Чойи пӯшида дидан дар кучо?
[dʒoji pœʃida didan dar kudʒo?]

Welche Farbe mögen Sie?
Кадом рангашро мехоҳед?
[kadom rangaʃro meχohed?]

Größe | Länge
андоза | қад
[andoza | qad]

Wie sitzt es?
Чен аст?
[tʃen ast?]

Was kostet das?
Ин чанд пул?
[in tʃand pul?]

Das ist zu teuer.
Ин хеле қимат.
[in χele qimat]

Ich nehme es.
Ман инро мегирам.
[man inro megiram]

Entschuldigen Sie bitte, wo ist die Kasse?
Бубахшед, касса дар кучо?
[bubaχʃed, kassa dar kudʒo?]

Zahlen Sie Bar oder mit Karte?

Чй гуна пардохт мекунед? Бо пули накд ё бо корт?
[tʃi: guna pardoχt mekuned? bo puli naqd jo bo kort?]

in Bar | mit Karte

накд | бо корт
[naqd | bo kort]

Brauchen Sie die Quittung?

Ба шумо чек лозим?
[ba ʃumo tʃek lozim?]

Ja, bitte.

Бале, хоҳиш мекунам.
[bale, χohiʃ mekunam]

Nein, es ist ok.

Не, лозим нест. Ташаккур.
[ne, lozim nest. taʃakkur]

Danke. Einen schönen Tag noch!

Ташаккур. Хуш бошед!
[taʃakkur. χuʃ boʃed!]

In der Stadt

Entschuldigen Sie bitte, ...	**Бубахшед, ...** [bubaχʃed, ...]
Ich suche ...	**Ман ... мекобам.** [man ... mekobam]
die U-Bahn	**метро** [metro]
mein Hotel	**меҳмонхонаамро** [mehmonχonaamro]
das Kino	**синамо** [sinamo]
den Taxistand	**истгоҳи таски** [istgohi taski]

einen Geldautomat	**худпардоз** [χudpardoz]
eine Wechselstube	**мубодилаи асъор** [mubodilai as'or]
ein Internetcafé	**интернет-қаҳвахона** [internet-qahvaχona]
die ... -Straße	**кӯчаи ...** [kœtʃai ...]
diesen Ort	**ана ин ҷо** [ana in ʤo]

Wissen Sie, wo ... ist?	**Шумо медонед, ки ... дар куҷо аст?** [ʃumo medoned, ki ... dar kuʤo ast?]
Wie heißt diese Straße?	**Ин кӯча чӣ ном дорад?** [in kœtʃa tʃi: nom dorad?]
Zeigen Sie mir wo wir gerade sind.	**Нишон диҳед, ки ҳоло мо дар куҷо ҳастем.** [niʃon dihed, ki holo mo dar kuʤo hastem]
Kann ich dort zu Fuß hingehen?	**Ба онҷо пиёда рафта метавонам?** [ba onʤo pijoda rafta metavonam?]
Haben Sie einen Stadtplan?	**Шумо харитаи шаҳрро доред?** [ʃumo χaritai ʃahrro dored?]

Was kostet eine Eintrittskarte?	**Чиптаи даромад чанд пул?** [tʃiptai daromad tʃand pul?]
Darf man hier fotografieren?	**Дар ин ҷо сурат гирифтан мумкин?** [dar in ʤo surat giriftan mumkin?]
Haben Sie offen?	**Шумо кушода?** [ʃumo kuʃoda?]

Wann öffnen Sie?

Соати чанд кушода мешавед?
[soati tʃand kuʃoda meʃaved?]

Wann schließen Sie?

То соати чанд кор мекунед?
[to soati tʃand kor mekuned?]

Geld

Geld	пул [pul]
Bargeld	пули нақд [puli naqd]
Papiergeld	пули қоғазӣ [puli qoğazi:]
Kleingeld	пули майда [puli majda]
Scheck | Wechselgeld | Trinkgeld	ҳисобӣ | бақия | чойпулӣ [hisobi: | baqija | tʃojpuli:]
Kreditkarte	корти пластикӣ [korti plastiki:]
Geldbeutel	ҳамён [hamjon]
kaufen	харид кардан [χarid kardan]
zahlen	пардохтан [pardoχtan]
Strafe	ҷарима [dʒarima]
kostenlos	ройгон, бепул [rojgon, bepul]
Wo kann ich … kaufen?	… аз куҷо харида метавонам? [… az kudʒo χarida metavonam?]
Ist die Bank jetzt offen?	Ҳоло бонк кушода аст? [holo bonk kuʃoda ast?]
Wann öffnet sie?	Соати чанд кушода мешавад? [soati tʃand kuʃoda meʃavad?]
Wann schließt sie?	То соати чанд кор мекунад? [to soati tʃand kor mekunad?]
Wie viel?	Чанд? [tʃand?]
Was kostet das?	Ин чанд пул? [in tʃand pul?]
Das ist zu teuer.	Ин хеле қимат. [in χele qimat]
Entschuldigen Sie bitte, wo ist die Kasse?	Бубахшед, касса дар куҷо? [bubaχʃed, kassa dar kudʒo?]
Ich möchte zahlen.	Лутфан, ҳисоби моро биёред. [lutfan, hisobi moro bijored]

Kann ich mit Karte zahlen?	**Бо корт пардохт кардан мумкин?** [bo kort pardoχt kardan mumkin?]
Gibt es hier einen Geldautomat?	**Дар ин ҷо худпардоз ҳаст?** [dar in dʒo χudpardoz hast?]
Ich brauche einen Geldautomat.	**Ба ман худпардоз лозим аст.** [ba man χudpardoz lozim ast]
Ich suche eine Wechselstube.	**Ман саррофӣ мекобам.** [man sarrofi: mekobam]
Ich möchte … wechseln.	**… иваз кардан мехостам.** [… ivaz kardan meχostam]
Was ist der Wechselkurs?	**Нархи арз чи қадр аст?** [narχi arz tʃi qadr ast?]
Brauchen Sie meinen Reisepass?	**Ба шумо шиносномаи ман даркор?** [ba ʃumo ʃinosnomai man darkor?]

Zeit

Wie spät ist es?	**Соат чанд?** [soat tʃand?]
Wann?	**Кай?** [kaj?]
Um wie viel Uhr?	**Соати чанд?** [soati tʃand?]
jetzt | später | nach …	**ҳозир | дертар | баъди …** [hozir | dertar | ba'di …]
ein Uhr	**яки рӯз** [jaki rœz]
Viertel zwei	**яку понздаҳ** [jaku ponzdah]
Ein Uhr dreißig	**яку ним** [jaku nim]
Viertel vor zwei	**понздаҳто кам ду** [ponzdahto kam du]
eins | zwei | drei	**як | ду | се** [jak | du | se]
vier | fünf | sechs	**чор | панҷ | шаш** [tʃor | pandʒ | ʃaʃ]
sieben | acht | neun	**ҳафт | ҳашт | нӯҳ** [haft | haʃt | nœh]
zehn | elf | zwölf	**даҳ | ёздаҳ | дувоздаҳ** [dah | jozdah | duvozdah]
in …	**баъди …** [ba'di …]
fünf Minuten	**панҷ дақиқа** [pandʒ daqiqa]
zehn Minuten	**даҳ дақиқа** [dah daqiqa]
fünfzehn Minuten	**понздаҳ дақиқа** [ponzdah daqiqa]
zwanzig Minuten	**бист дақиқа** [bist daqiqa]
einer halben Stunde	**ним соат** [nim soat]
einer Stunde	**як соат** [jak soat]

am Vormittag	**саҳарӣ** [sahari:]
früh am Morgen	**саҳари барвақт** [sahari barvaqt]
diesen Morgen	**имрӯз саҳарӣ** [imrœz sahari:]
morgen früh	**субҳи фардо** [subhi fardo]
am Mittag	**дар нисфирӯзӣ** [dar nisfirœzi:]
am Nachmittag	**баъди нисфирӯзӣ** [ba'di nisfirœzi:]
am Abend	**бегоҳӣ** [begohi:]
heute Abend	**имрӯз бегоҳӣ** [imrœz begohi:]
in der Nacht	**шабона** [ʃabona]
gestern	**дирӯз** [dirœz]
heute	**имрӯз** [imrœz]
morgen	**пагоҳ** [pagoh]
übermorgen	**пасфардо** [pasfardo]
Welcher Tag ist heute?	**Имрӯз кадом рӯз аст?** [imrœz kadom rœz ast?]
Es ist …	**Имрӯз …** [imrœz …]
Montag	**душанбе** [duʃanbe]
Dienstag	**сешанбе** [seʃanbe]
Mittwoch	**чоршанбе** [tʃorʃanbe]
Donnerstag	**панҷшанбе** [pandʒʃanbe]
Freitag	**ҷумъа** [dʒum'a]
Samstag	**шанбе** [ʃanbe]
Sonntag	**якшанбе** [jakʃanbe]

Begrüßungen und Vorstellungen

Hallo.
Салом.
[salom]

Freut mich, Sie kennen zu lernen.
Аз шиносой бо шумо хурсандам.
[az ʃinosoi: bo ʃumo χursandam]

Ganz meinerseits.
Ман ҳам.
[man ham]

Darf ich vorstellen? Das ist …
Шинос шавед. Ин кас …
[ʃinos ʃaved. in kas …]

Sehr angenehm.
Аз ошной бо шумо шод шудам.
[az oʃnoi: bo ʃumo ʃod ʃudam]

Wie geht es Ihnen?
Шумо чӣ хел? Корҳоятон чӣ хел?
[ʃumo tʃi: χel? korhojaton tʃi: χel?]

Ich heiße …
Номи ман …
[nomi man …]

Er heißt …
Номи вай …
[nomi vaj …]

Sie heißt …
Номи вай …
[nomi vaj …]

Wie heißen Sie?
Номи шумо чӣ?
[nomi ʃumo tʃi:?]

Wie heißt er?
Номи вай чӣ?
[nomi vaj tʃi:?]

Wie heißt sie?
Номи вай чӣ?
[nomi vaj tʃi:?]

Wie ist Ihr Nachname?
Насаби шумо чӣ?
[nasabi ʃumo tʃi:?]

Sie können mich … nennen.
Маро … ном гиред.
[maro … nom gired]

Woher kommen Sie?
Шумо аз куҷо?
[ʃumo az kudʒo?]

Ich komme aus …
Ман аз …
[man az …]

Was machen Sie beruflich?
Кӣ шуда кор мекунед?
[ki: ʃuda kor mekuned?]

Wer ist das?
Ин кӣ?
[in ki:?]

Wer ist er?
Вай кӣ?
[vaj ki:?]

Wer ist sie?
Вай кӣ?
[vaj ki:?]

Wer sind sie?
Онҳо кӣ?
[onho ki:?]

Das ist …

Ин кас …
[in kas …]

mein Freund

дӯсти ман
[dœsti man]

meine Freundin

дугонаи ман
[dugonai man]

mein Mann

шавҳари ман
[ʃavhari man]

meine Frau

завҷаи ман
[zavdʒai man]

mein Vater

падари ман
[padari man]

meine Mutter

модари ман
[modari man]

mein Bruder

бародари ман
[barodari man]

meine Schwester

хоҳари ман
[χohari man]

mein Sohn

писари ман
[pisari man]

meine Tochter

духтари ман
[duχtari man]

Das ist unser Sohn.

Ин писари мо.
[in pisari mo]

Das ist unsere Tochter.

Ин духтари мо.
[in duχtari mo]

Das sind meine Kinder.

Инҳо фарзандони ман.
[inho farzandoni man]

Das sind unsere Kinder.

Инҳо фарзандони мо.
[inho farzandoni mo]

Verabschiedungen

Auf Wiedersehen!	**То дидан!** [to didan!]
Tschüss!	**Хайр!** [χajr!]
Bis morgen.	**То пагоҳ.** [to pagoh]
Bis bald.	**То боздид.** [to bozdid]
Bis um sieben.	**Соати ҳафт вомехӯрем.** [soati haft vomeχœrem]
Viel Spaß!	**Вақтхушй кунед!** [vaqtχuʃi: kuned!]
Wir sprechen später.	**Дертар гап мезанем.** [dertar gap mezanem]
Ich wünsche Ihnen ein schönes Wochenende.	**Рӯзҳои истироҳатро хуб гузаронед.** [rœzhoi istirohatro χub guzaroned]
Gute Nacht.	**Шаби хуш.** [ʃabi χuʃ]
Es ist Zeit, dass ich gehe.	**Бояд равам.** [bojad ravam]
Ich muss gehen.	**Бояд равам.** [bojad ravam]
Ich bin gleich wieder da.	**Ман ҳозир бармегардам.** [man hozir barmegardam]
Es ist schon spät.	**Хеле беваќт шуд.** [χele bevaqt ʃud]
Ich muss früh aufstehen.	**Пагоҳ бояд барвақт хезам.** [pagoh bojad barvaqt χezam]
Ich reise morgen ab.	**Пагоҳ ман меравам.** [pagoh man meravam]
Wir reisen morgen ab.	**Пагоҳ мо меравем.** [pagoh mo meravem]
Ich wünsche Ihnen eine gute Reise!	**Роҳи сафед!** [rohi safed!]
Hat mich gefreut, Sie kennen zu lernen.	**Хурсандам, ки бо шумо шинос шудам.** [χursandam, ki bo ʃumo ʃinos ʃudam]
Hat mich gefreut mit Ihnen zu sprechen.	**Аз суҳбати шумо баҳра бурдам.** [az suhbati ʃumo bahra burdam]

Danke für alles.	**Ташаккур барои ҳама чиз.** [taʃakkur baroi hama tʃiz]
Ich hatte eine sehr gute Zeit.	**Вақтам хеле хуб гузашт.** [vaqtam χele χub guzaʃt]
Wir hatten eine sehr gute Zeit.	**Вақтамон хеле хуб гузашт.** [vaqtamon χele χub guzaʃt]
Es war wirklich toll.	**Ҳама чиз олӣ буд.** [hama tʃiz oli: bud]
Ich werde Sie vermissen.	**Ёд мекунам.** [jod mekunam]
Wir werden Sie vermissen.	**Мо ёд мекунем.** [mo jod mekunem]

Viel Glück!	**Комрон бош! Хайр!** [komron boʃ! χajr!]
Grüßen Sie ...	**Ба ... салом расонед.** [ba ... salom rasoned]

Fremdsprache

Ich verstehe nicht.	**Ман намефаҳмам.** [man namefahmam]
Schreiben Sie es bitte auf.	**Лутфан, инро бинависед.** [lutfan, inro binavised]
Sprechen Sie ...?	**Шумо забони ... медонед?** [ʃumo zaboni ... medoned?]

Ich spreche ein bisschen ...	**Каме ... медонам** [kame ... medonam]
Englisch	**инглисӣ** [inglisi:]
Türkisch	**туркӣ** [turki:]
Arabisch	**арабӣ** [arabi:]
Französisch	**фаронсавӣ** [faronsavi:]

Deutsch	**олмонӣ** [olmoni:]
Italienisch	**итолиёӣ** [itolijoi:]
Spanisch	**испанӣ** [ispani:]
Portugiesisch	**португалӣ** [portugali:]
Chinesisch	**чинӣ** [tʃini:]
Japanisch	**ҷопонӣ** [dʒoponi:]

Können Sie das bitte wiederholen.	**Лутфан, такрор кунед.** [lutfan, takror kuned]
Ich verstehe.	**Мефаҳмам.** [mefahmam]
Ich verstehe nicht.	**Ман намефаҳмам.** [man namefahmam]
Sprechen Sie etwas langsamer.	**Лутфан, оҳиста гап занед.** [lutfan, ohista gap zaned]

Ist das richtig?	**Ин дуруст?** [in durust?]
Was ist das? (Was bedeutet das?)	**Ин калима чӣ маъно дорад?** [in kalima tʃi: ma'no dorad?]

Entschuldigungen

Entschuldigen Sie bitte.
Илтимос, бубахшед.
[iltimos, bubaχʃed]

Es tut mir leid.
Афсӯс мехӯрам.
[afsœs meχœram]

Es tut mir sehr leid.
Сад афсӯс.
[sad afsœs]

Es tut mir leid, das ist meine Schuld.
Айби ман шуд.
[ajbi man ʃud]

Das ist mein Fehler.
Хатои ман.
[χatoi man]

Darf ich ...?
Мумкин ман...
[mumkin man ...]

Haben Sie etwas dagegen, wenn ich ...?
Агар зид набошед, ман ...
[agar zid naboʃed, man ...]

Es ist okay.
Ҳеҷ гап не.
[heʤ gap ne]

Alles in Ordnung.
Ҳамааш дар ҷояш.
[hamaaʃ dar ʤojaʃ]

Machen Sie sich keine Sorgen.
Ташвиш накашед.
[taʃviʃ nakaʃed]

Einigung

Ja.	**Ҳа.** [ha]
Ja, natürlich.	**Ҳа, албатта.** [ha, albatta]
Ok! (Gut!)	**Хуб!** [χub!]
Sehr gut.	**Хеле хуб!** [χele χub!]
Natürlich!	**Албатта!** [albatta!]
Genau.	**Ман розй** [man rozi:]
Das stimmt.	**Рост.** [rost]
Das ist richtig.	**Дуруст.** [durust]
Sie haben Recht.	**Шумо ҳақ.** [ʃumo haq]
Ich habe nichts dagegen.	**Эътироз намекунам.** [e'tiroz namekunam]
Völlig richtig.	**Комилан дуруст.** [komilan durust]
Das kann sein.	**Ин инконпазир аст.** [in inkonpazir ast]
Das ist eine gute Idee.	**Ин фикри хуб.** [in fikri χub]
Ich kann es nicht ablehnen.	**Не гуфта наметавонам.** [ne gufta nametavonam]
Ich würde mich freuen.	**Хурсанд мешавам.** [χursand meʃavam]
Gerne.	**Бо камоли майл.** [bo kamoli majl]

Ablehnung. Äußerung von Zweifel

Nein.

Не.
[ne]

Natürlich nicht.

Албатта не.
[albatta ne]

Ich stimme nicht zu.

Ман розй не.
[man rozi: ne]

Das glaube ich nicht.

Фикри ман дигар.
[fikri man digar]

Das ist falsch.

Ин рост не.
[in rost ne]

Sie liegen falsch.

Шумо ҳақ нестед.
[ʃumo haq nested]

Ich glaube, Sie haben Unrecht.

Ба фикрам, ҳақ бар ҷониби шумо нест.
[ba fikram, haq bar dʒonibi ʃumo nest]

Ich bin nicht sicher.

Дилпур нестам.
[dilpur nestam]

Das ist unmöglich.

Ин аз имкон берун аст.
[in az imkon berun ast]

Nichts dergleichen!

Асло!
[aslo!]

Im Gegenteil!

Баръакс!
[bar'aks!]

Ich bin dagegen.

Ман зид.
[man zid]

Es ist mir egal.

Ба ман фарқ надорад.
[ba man farq nadorad]

Keine Ahnung.

Хабар надорам.
[χabar nadoram]

Ich bezweifle, dass es so ist.

Аз ин шубҳа дорам.
[az in ʃubha doram]

Es tut mir leid, ich kann nicht.

Бубахшед, ман наметавонам.
[bubaχʃed, man nametavonam]

Es tut mir leid, ich möchte nicht.

Бубахшед, ман намехоҳам.
[bubaχʃed, man nameχoham]

Danke, das brauche ich nicht.

Ташаккур, ин ба ман даркор не.
[taʃakkur, in ba man darkor ne]

Es ist schon spät.

Хеле бевақт шуд.
[χele bevaqt ʃud]

Ich muss früh aufstehen.

Пагоҳ бояд барвақт хезам.
[pagoh bojad barvaqt χezam]

Mir geht es schlecht.

Худамро бад ҳис мекунам.
[χudamro bad his mekunam]

Dankbarkeit ausdrücken

Danke.	**Ташаккур.** [taʃakkur]
Dankeschön.	**Ташаккури зиёд.** [taʃakkuri zijod]
Ich bin Ihnen sehr verbunden.	**Сипосгузорам.** [siposguzoram]
Ich bin Ihnen sehr dankbar.	**Аз шумо миннатдорам.** [az ʃumo minnatdoram]
Wir sind Ihnen sehr dankbar.	**Аз шумо сипосгузорем.** [az ʃumo siposguzorem]

Danke, dass Sie Ihre Zeit geopfert haben.	**Ташаккур, ки вақт сарф кардед.** [taʃakkur, ki vaqt sarf karded.]
Danke für alles.	**Ташаккур барои ҳама чиз.** [taʃakkur baroi hama tʃiz]
Danke für ...	**Ташаккур барои ...** [taʃakkur baroi ...]
Ihre Hilfe	**ёрии шумо** [jorii ʃumo]
die schöne Zeit	**вақти хуш** [vaqti χuʃ]

das wunderbare Essen	**хӯроки бомаза** [χœroki bomaza]
den angenehmen Abend	**шоми хуш** [ʃomi χuʃ]
den wunderschönen Tag	**рӯзи хотирмон** [rœzi χotirmon]
die interessante Führung	**экскурсияи шавқовар** [ekskursijai ʃavqovar]

Keine Ursache.	**Ҳеҷ гап не.** [hedʒ gap ne]
Nichts zu danken.	**Намеарзад.** [namearzad]
Immer gerne.	**Ҳамеша марҳамат** [hameʃa marhamat]
Es freut mich, geholfen zu haben.	**Хушҳолам, ки кӯмак кардам.** [χuʃholam, ki kœmak kardam]
Vergessen Sie es.	**Фаромӯш кунед. Ҳамааш дар ҷояш.** [faromœʃ kuned. hamaaʃ dar dʒojaʃ]
Machen Sie sich keine Sorgen.	**Ташвиш накашед.** [taʃviʃ nakaʃed]

Glückwünsche. Beste Wünsche

Glückwunsch!

Табрик мекунам!
[tabrik mekunam!]

Alles gute zum Geburtstag!

Зодрӯз муборак!
[zodrœz muborak!]

Frohe Weihnachten!

Иди милод муборак!
[idi milod muborak!]

Frohes neues Jahr!

Соли нав муборак!
[soli nav muborak!]

Frohe Ostern!

Иди Песох муборак!
[idi pesoh muborak!]

Frohes Hanukkah!

Иди Ханука муборак!
[idi χanuka muborak!]

Ich möchte einen Toast ausbringen.

Нӯшбод дорам.
[nœʃbod doram]

Auf Ihr Wohl!

Барои саломатии шумо!
[baroi salomatii ʃumo!]

Trinken wir auf …!

Барои … менӯшем!
[baroi … menœʃem!]

Auf unseren Erfolg!

Барои комёбии мо!
[baroi komjobii mo!]

Auf Ihren Erfolg!

Барои комёбии шумо!
[baroi komjobii ʃumo!]

Viel Glück!

Муваффақият!
[muvaffaqijat!]

Einen schönen Tag noch!

Рӯзи хуш!
[rœzi χuʃ!]

Haben Sie einen guten Urlaub!

Хуб дам гиред!
[χub dam gired!]

Haben Sie eine sichere Reise!

Сафари хуш бод!
[safari χuʃ bod!]

Ich hoffe es geht Ihnen bald besser!

Орзу мекунам, ки зудтар сиҳат шавед!
[orzu mekunam, ki zudtar sihat ʃaved!]

Sozialisieren

Warum sind Sie traurig?	**Чаро озурда менамоед?** [tʃaro ozurda menamoed?]
Lächeln Sie!	**Табассум кунед!** [tabassum kuned!]
Sind Sie heute Abend frei?	**Бегоҳӣ кор надоред?** [begohi: kor nadored?]
Darf ich Ihnen was zum Trinken anbieten?	**Мумкин ба шумо нӯшокӣ пешкаш кунам?** [mumkin ba ʃumo nœʃoki: peʃkaʃ kunam?]
Möchten Sie tanzen?	**Рақс кардан намехоҳед?** [raqs kardan namexohed?]
Gehen wir ins Kino.	**Шояд ба синамо равем?** [ʃojad ba sinamo ravem?]
Darf ich Sie ins … einladen?	**Мумкин шуморо ба … таклиф кунам?** [mumkin ʃumoro ba … taklif kunam?]
Restaurant	**тарабхона** [tarabxona]
Kino	**синамо** [sinamo]
Theater	**театр** [teatr]
auf einen Spaziergang	**сайру гашт** [sajru gaʃt]
Um wie viel Uhr?	**Соати чанд?** [soati tʃand?]
heute Abend	**имрӯз бегоҳӣ** [imrœz begohi:]
um sechs Uhr	**дар соати шаш** [dar soati ʃaʃ]
um sieben Uhr	**дар соати ҳафт** [dar soati haft]
um acht Uhr	**дар соати ҳашт** [dar soati haʃt]
um neun Uhr	**дар соати нуҳ** [dar soati nuh]

Gefällt es Ihnen hier? — **Ба шумо ин ҷо маъқул?** [ba ʃumo in dʒo ma'qul?]

Sind Sie hier mit jemandem? — **Шумо дар ин ҷо танхо?** [ʃumo dar in dʒo tanho?]

Ich bin mit meinem Freund /meiner Freundin/. — **Ман бо дӯстам /дугонаам/.** [man bo dœstam /dugonaam/]

Ich bin mit meinen Freunden. — **Ман бо дӯстонам.** [man bo dœstonam]

Nein, ich bin alleine. — **Ман танхо.** [man tanho]

Hast du einen Freund? — **Ту рафиқ дорӣ?** [tu rafiq dori:?]

Ich habe einen Freund. — **Ман чӯра дорам.** [man dʒœra doram]

Hast du eine Freundin? — **Ту дугона дорӣ?** [tu dugona dori:?]

Ich habe eine Freundin. — **Ман хонум дорам.** [man χonum doram]

Kann ich dich nochmals sehen? — **Боз вомехӯрем?** [boz vomeχœrem?]

Kann ich dich anrufen? — **Мумкин ба ту занг занам?** [mumkin ba tu zang zanam?]

Ruf mich an. — **Ба ман занг зан.** [ba man zang zan]

Was ist deine Nummer? — **Рақмат чанд?** [raqmat tʃand?]

Ich vermisse dich. — **Туро ёд мекунам.** [turo jod mekunam]

Sie haben einen schönen Namen. — **Номатон бисёр зебо.** [nomaton bisjor zebo]

Ich liebe dich. — **Ман туро дӯст медорам.** [man turo dœst medoram]

Willst du mich heiraten? — **Ҳамсари ман шав.** [hamsari man ʃav]

Sie machen Scherze! — **Шӯхӣ мекунед!** [ʃœχi: mekuned!]

Ich habe nur gescherzt. — **Ҳамту шӯхӣ буд.** [hamtu ʃœχi: bud]

Ist das Ihr Ernst? — **Шумо чиддӣ мегӯед?** [ʃumo dʒiddi: megœed?]

Das ist mein Ernst. — **Ман чиддӣ мегӯям.** [man dʒiddi: megœjam]

Echt?! — **Рост?!** [rost?!]

Das ist unglaublich! — **Ин аз ақл берун!** [in az aql berun!]

Ich glaube Ihnen nicht.   **Ман ба шумо бовар намекунам.**
[man ba ʃumo bovar namekunam]

Ich kann nicht.   **Ман наметавонам.**
[man nametavonam]

Ich weiß nicht.   **Ман намедонам.**
[man namedonam]

Ich verstehe Sie nicht.   **Ман шуморо намефаҳмам.**
[man ʃumoro namefahmam]

Bitte gehen Sie weg.   **Лутафан, биравед.**
[lutafan, biraved]

Lassen Sie mich in Ruhe!   **Маро ташвиш надиҳед!**
[maro taʃviʃ nadihed!]

Ich kann ihn nicht ausstehen.   **Ман вайро тоқати дидан надорам.**
[man vajro toqati didan nadoram]

Sie sind widerlich!   **Шумо нафратангез!**
[ʃumo nafratangez!]

Ich rufe die Polizei an!   **Ман ба пулис занг мезанам!**
[man ba pulis zang mezanam!]

Gemeinsame Eindrücke. Emotionen

Das gefällt mir.	**Ин ба ман маъкул.** [in ba man ma'qul]
Sehr nett.	**Хеле дилкаш.** [χele dilkaʃ]
Das ist toll!	**Ин зӯр!** [in zœr!]
Das ist nicht schlecht.	**Ин бад не.** [in bad ne]
Das gefällt mir nicht.	**Ин ба ман маъкул не.** [in ba man ma'qul ne]
Das ist nicht gut.	**Ин хуб не.** [in χub ne]
Das ist schlecht.	**Ин бад.** [in bad]
Das ist sehr schlecht.	**Ин хеле бад.** [in χele bad]
Das ist widerlich.	**Ин нафратангез.** [in nafratangez]
Ich bin glücklich.	**Ман хушбахт.** [man χuʃbaχt]
Ich bin zufrieden.	**Ман қаноатманд.** [man qanoatmand]
Ich bin verliebt.	**Ман ошиқ шудам.** [man oʃiq ʃudam]
Ich bin ruhig.	**Ман ором.** [man orom]
Ich bin gelangweilt.	**Дилгир шудам.** [dilgir ʃudam]
Ich bin müde.	**Монда шудам.** [monda ʃudam]
Ich bin traurig.	**Зиқ шудам.** [ziq ʃudam]
Ich habe Angst.	**Ман метарсам.** [man metarsam]
Ich bin wütend.	**Қаҳрам меояд.** [qahram meojad]
Ich mache mir Sorgen.	**Ман дар ҳаяҷонам.** [man dar hajaʤonam]
Ich bin nervös.	**Асабонӣ мешавам.** [asaboni: meʃavam]

Ich bin eifersüchtig.

Ман ҳасад мебарам.
[man hasad mebaram]

Ich bin überrascht .

Ман ҳайрон.
[man hajron]

Es ist mir peinlich.

Дар тааччубам.
[dar taadʒdʒubam]

Probleme. Unfälle

Ich habe ein Problem.	**Ман мушкилӣ дорам.** [man muʃkili: doram]
Wir haben Probleme.	**Мо мушкилӣ дорем.** [mo muʃkili: dorem]
Ich bin verloren.	**Ман раҳгум задам.** [man rahgum zadam]
Ich habe den letzten Bus (Zug) verpasst.	**Ман ба автобуси (қатори) охирон дер кардам.** [man ba avtobusi (qatori) oχiron der kardam]
Ich habe kein Geld mehr.	**Ман тамоман бепул мондам.** [man tamoman bepul mondam]

Ich habe mein ... verloren.	**Ман ... гум кардам.** [man ... gum kardam]
Jemand hat mein ... gestohlen.	**... дуздиданд.** [... duzdidand]
Reisepass	**шиносномаамро** [ʃinosnomaamro]
Geldbeutel	**ҳамёнамро** [hamjonamro]
Papiere	**ҳуҷҷатҳоямро** [huʤʤathojamro]
Fahrkarte	**чиптаамро** [tʃiptaamro]
Geld	**пулҳоямро** [pulhojamro]
Tasche	**сумкаамро** [sumkaamro]
Kamera	**суратгиракамро** [suratgirakamro]
Laptop	**ноутбукамро** [noutbukamro]
Tabletcomputer	**планшетамро** [planʃetamro]
Handy	**телефонамро** [telefonamro]

Hilfe!	**Ёрӣ диҳед!** [jori: dihed!]
Was ist passiert?	**Чӣ шуд?** [tʃi: ʃud?]
Feuer	**сӯхтор** [sœχtor]

Schießerei	**тирпаронй** [tirparoni:]
Mord	**куштор** [kuʃtor]
Explosion	**таркиш** [tarkiʃ]
Schlägerei	**занозанй** [zanozani:]

Rufen Sie die Polizei!	**Ба пулис занг занед!** [ba pulis zang zaned!]
Beeilen Sie sich!	**Илтимос, зудтар!** [iltimos, zudtar!]
Ich suche nach einer Polizeistation.	**Ман идораи пулис мекобам.** [man idorai pulis mekobam.]
Ich muss einen Anruf tätigen.	**Ба занг задан даркор.** [ba zang zadan darkor]
Kann ich Ihr Telefon benutzen?	**Мумкин занг занам?** [mumkin zang zanam?]

Ich wurde …	**Маро** [maro]
ausgeraubt	**ғорат карданд** [ğorat kardand]
überfallen	**дузд зад** [duzd zad]
vergewaltigt	**таҷовуз кардан** [tadʒovuz kardan]
angegriffen	**лату кӯб карданд** [latu kœb kardand]

Ist bei Ihnen alles in Ordnung?	**Ҳолатон хуб?** [holaton χub?]
Haben Sie gesehen wer es war?	**Шумо дидед, вай кӣ буд?** [ʃumo dided, vaj ki: bud?]
Sind Sie in der Lage die Person wiederzuerkennen?	**Вайро шинохта метавонед?** [vajro ʃinoχta metavoned?]
Sind sie sicher?	**Шумо аниқ медонед?** [ʃumo aniq medoned?]

Beruhigen Sie sich bitte!	**Илтимос, ором шавед.** [iltimos, orom ʃaved]
Ruhig!	**Ором!** [orom!]
Machen Sie sich keine Sorgen	**Ташвиш накашед.** [taʃviʃ nakaʃed]
Alles wird gut.	**Ҳамааш хуб мешавад.** [hamaaʃ χub meʃavad]
Alles ist in Ordnung.	**Ҳамааш дар ҷояш.** [hamaaʃ dar dʒojaʃ]
Kommen Sie bitte her.	**Лутфан, наздик оед.** [lutfan, nazdik oed]

Ich habe einige Fragen für Sie.

Ба шумо якчанд савол дорам.
[ba ʃumo jaktʃand savol doram]

Warten Sie einen Moment bitte.

Лутфан, мунтазир шавед.
[lutfan, muntazir ʃaved]

Haben Sie einen Identifikationsnachweis?

Шумо ҳуҷҷат доред?
[ʃumo huʤʤat dored?]

Danke. Sie können nun gehen.

Ташаккур. Шумо рафта метавонед.
[taʃakkur. ʃumo rafta metavoned]

Hände hinter dem Kopf!

Дастҳо пушти сар!
[dastho puʃti sar!]

Sie sind verhaftet!

Шумо ҳабс шудед!
[ʃumo habs ʃuded!]

Gesundheitsprobleme

Helfen Sie mir bitte.	**Лутфан, ёрй диҳед.** [lutfan, jori: dihed]
Mir ist schlecht.	**Худамро бад ҳис мекунам.** [χudamro bad his mekunam]
Meinem Ehemann ist schlecht.	**Ҳоли шавҳарам бад шуд.** [holi ʃavharam bad ʃud]
Mein Sohn …	**Ҳоли писарам …** [holi pisaram …]
Mein Vater …	**Ҳоли падарам …** [holi padaram …]

Meine Frau fühlt sich nicht gut.	**Ҳоли занам бад шуд.** [holi zanam bad ʃud]
Meine Tochter …	**Ҳоли духтарам …** [holi duχtaram …]
Meine Mutter …	**Ҳоли модарам …** [holi modaram …]

Ich habe … schmerzen.	**… дард мекунад.** [… dard mekunad]
Kopf-	**сарам** [saram]
Hals-	**гулӯям** [gulœjam]
Bauch-	**шикамам** [ʃikamam]
Zahn-	**дандонам** [dandonam]

Mir ist schwindelig.	**Сарам тоб мехӯрад.** [saram tob meχœrad]
Er hat Fieber.	**Тафс дорам.** [tafs doram]
Sie hat Fieber.	**Вай тафс дорад.** [vaj tafs dorad]
Ich kann nicht atmen.	**Нафас кашида наметавонам.** [nafas kaʃida nametavonam]

Ich kriege keine Luft.	**Нафасгир мешавам.** [nafasgir meʃavam]
Ich bin Asthmatiker.	**Ман астма дорам.** [man astma doram]
Ich bin Diabetiker /Diabetikerin/	**Ман қандкасалам.** [man qandkasalam]

Ich habe Schlaflosigkeit.	**Бедорхобӣ мекашам.** [bedorχobi: mekaʃam]
Lebensmittelvergiftung	**Заҳролудшавии ғизой** [zahroludʃavii ǧizoi:]
Es tut hier weh.	**Ин ҷоям дард мекунад.** [in ʤojam dard mekunad]
Hilfe!	**Ёрӣ диҳед!** [jori: dihed!]
Ich bin hier!	**Ман ҳамин ҷо!** [man hamin ʤo!]
Wir sind hier!	**Мо ҳамин ҷо!** [mo hamin ʤo!]
Bringen Sie mich hier raus!	**Маро кашида бароред!** [maro kaʃida barored!]
Ich brauche einen Arzt.	**Ба ман духтур даркор.** [ba man duχtur darkor]
Ich kann mich nicht bewegen.	**Ҳаракат карда наметавонам.** [harakat karda nametavonam]
Ich kann meine Beine nicht bewegen.	**Пойҳоямро ҳис намекунам.** [pojhojamro his namekunam]
Ich habe eine Wunde.	**Ман захм хӯрдам.** [man zaχm χœrdam]
Ist es ernst?	**Ин ҷиддӣ?** [in ʤiddi:?]
Meine Dokumente sind in meiner Hosentasche.	**Ҳуҷҷатҳоям дар киса.** [huʤʤathojam dar kisa]
Beruhigen Sie sich!	**Ором шавед!** [orom ʃaved!]
Kann ich Ihr Telefon benutzen?	**Мумкин занг занам?** [mumkin zang zanam?]
Rufen Sie einen Krankenwagen!	**Ба ёрии таъҷилӣ занг занед!** [ba jorii ta'ʤili: zang zaned!]
Es ist dringend!	**Ин фаврӣ!** [in favri:!]
Es ist ein Notfall!	**Ин бисёр фаврӣ!** [in bisjor favri:!]
Schneller bitte!	**Илтимос, зудтар!** [iltimos, zudtar!]
Können Sie bitte einen Arzt rufen?	**Илтимос, духтурро чег занед.** [iltimos, duχturro ʤeǧ zaned]
Wo ist das Krankenhaus?	**Беморохона дар куҷо?** [bemoroχona dar kuʤo?]
Wie fühlen Sie sich?	**Худро чи хел ҳис мекунед?** [χudro tʃi χel his mekuned?]
Ist bei Ihnen alles in Ordnung?	**Ҳолатон хуб?** [holaton χub?]
Was ist passiert?	**Чӣ рӯй дод?** [tʃi: rœj dod?]

Mir geht es schon besser.

Аллакай, худро беҳтар ҳис мекунам.
[allakaj, χudro behtar his mekunam]

Es ist in Ordnung.

Ҳамааш дар ҷояш.
[hamaaʃ dar dʒojaʃ]

Alles ist in Ordnung.

Ҳамааш хуб.
[hamaaʃ χub]

In der Apotheke

Apotheke	**дорухона** [doruχona]
24 Stunden Apotheke	**дорухонаи шабонарӯзй** [doruχonai ʃabonarœzi:]
Wo ist die nächste Apotheke?	**Дорухонаи наздиктарин дар кучо?** [doruχonai nazdiktarin dar kuʤo?]
Ist sie jetzt offen?	**Ҳоло кушода аст?** [holo kuʃoda ast?]
Um wie viel Uhr öffnet sie?	**Соати чанд кушода мешавад?** [soati tʃand kuʃoda meʃavad?]
Um wie viel Uhr schließt sie?	**То соати чанд кор мекунад?** [to soati tʃand kor mekunad?]
Ist es weit?	**Ин дур аст?** [in dur ast?]
Kann ich dort zu Fuß hingehen?	**Ба онҷо пиёда рафта метавонам?** [ba onʤo pijoda rafta metavonam?]
Können Sie es mir auf der Karte zeigen?	**Илтимос, дар харита нишон диҳед.** [iltimos, dar χarita niʃon dihed]
Bitte geben sie mir etwas gegen ...	**Ба ман ягон чиз аз ... диҳед.** [ba man jagon tʃiz az ... dihed]
Kopfschmerzen	**дарди сар** [dardi sar]
Husten	**сулфа** [sulfa]
eine Erkältung	**шамолхӯрй** [ʃamolχœri:]
die Grippe	**зуком** [zukom]
Fieber	**тафс** [tafs]
Magenschmerzen	**дарди меъда** [dardi me'da]
Übelkeit	**дилбеҳузурй** [dilbehuzuri:]
Durchfall	**шикамравй** [ʃikamravi:]
Verstopfung	**қабзият** [qabzijat]
Rückenschmerzen	**дарди миён** [dardi mijon]

Brustschmerzen	**дарди қафаси сина** [dardi qafasi sina]
Seitenstechen	**дарди паҳлӯ** [dardi pahlœ]
Bauchschmerzen	**дарди шикам** [dardi ʃikam]
Pille	**доруи ҳаб** [dorui hab]
Salbe, Creme	**марҳам, крем** [marham, krem]
Sirup	**шира** [ʃira]
Spray	**спрей** [sprej]
Tropfen	**чакрагӣ** [tʃakragi:]
Sie müssen ins Krankenhaus gehen.	**Шумо бояд ба беморхона равед.** [ʃumo bojad ba bemorχona raved]
Krankenversicherung	**таъминот** [ta'minot]
Rezept	**ретсепт** [retsept]
Insektenschutzmittel	**доруи ҳашарот** [dorui haʃarot]
Pflaster	**часпи захм** [tʃaspi zaχm]

Das absolute Minimum

Entschuldigen Sie bitte, ...	**Бубахшед, ...** [bubaxʃed, ...]
Hallo.	**Салом.** [salom]
Danke.	**Ташаккур.** [taʃakkur]
Auf Wiedersehen.	**То дидан.** [to didan]
Ja.	**Ҳа.** [ha]
Nein.	**Не.** [ne]
Ich weiß nicht.	**Ман намедонам.** [man namedonam]
Wo? | Wohin? | Wann?	**Дар кучо? | Ба кучо? | Кай?** [dar kuʤo? | ba kuʤo? | kaj?]
Ich brauche ...	**Ба ман ... даркор аст.** [ba man ... darkor ast]
Ich möchte ...	**Ман ... мехоҳам.** [man ... mexoham]
Haben Sie ...?	**Шумо ... доред?** [ʃumo ... dored?]
Gibt es hier ...?	**Дар ин чо ... ҳаст?** [dar in ʤo ... hast?]
Kann ich ...?	**... метавонам?** [... metavonam?]
Bitte (anfragen)	**Илтимос** [iltimos]
Ich suche ...	**Ман ... мекобам.** [man ... mekobam]
die Toilette	**хочатхона** [xoʤatxona]
den Geldautomat	**худпардоз** [xudpardoz]
die Apotheke	**дорухона** [doruxona]
das Krankenhaus	**беморхона** [bemorxona]
die Polizeistation	**идораи пулис** [idorai pulis]
die U-Bahn	**метро** [metro]

das Taxi	**такси**
	[taksi]
den Bahnhof	**вокзал**
	[vokzal]

Ich heiße ...	**Номи ман ...**
	[nomi man ...]
Wie heißen Sie?	**Номи шумо чй?**
	[nomi ʃumo tʃi:?]
Helfen Sie mir bitte.	**Илтимос, ба ман ёрй диҳед.**
	[iltimos, ba man jori: dihed]
Ich habe ein Problem.	**Ман мушкилӣ дорам.**
	[man muʃkili: doram]
Mir ist schlecht.	**Худамро бад ҳис мекунам.**
	[χudamro bad his mekunam]
Rufen Sie einen Krankenwagen!	**Ба ёрии таъчилй занг занед!**
	[ba jorii ta'dʒili: zang zaned!]
Darf ich telefonieren?	**Мумкин занг занам?**
	[mumkin zang zanam?]

Entschuldigung.	**Бубахшед**
	[bubaχʃed]
Keine Ursache.	**Намеарзад**
	[namearzad]

ich	**ман**
	[man]
du	**ту**
	[tu]
er	**ӯ, вай**
	[œ, vaj]
sie	**ӯ, вай**
	[œ, vaj]
sie (Pl, Mask.)	**онҳо**
	[onho]
sie (Pl, Fem.)	**онҳо**
	[onho]
wir	**мо**
	[mo]
ihr	**шумо**
	[ʃumo]
Sie	**Шумо**
	[ʃumo]

EINGANG	**ДАРОМАДГОҲ**
	[daromadgoh]
AUSGANG	**БАРОМАДГОҲ**
	[baromadgoh]
AUßER BETRIEB	**КОР НАМЕКУНАД**
	[kor namekunad]
GESCHLOSSEN	**ПӮШИДА**
	[pœʃida]

OFFEN	**КУШОДА** [kuʃoda]
FÜR DAMEN	**БАРОИ ЗАНОН** [baroi zanon]
FÜR HERREN	**БАРОИ МАРДОН** [baroi mardon]

AKTUELLES VOKABULAR

Dieser Teil beinhaltet mehr als
3.000 der wichtigsten Wörter.
Das Wörterbuch wird Ihnen
wertvolle Unterstützung
während Ihrer Reise bieten,
weil einzelne, häufig benutzte
Wörter genug sind, damit Sie
verstanden werden.
Das Wörterbuch beinhaltet
eine praktische Transkription
jedes Fremdworts

T&P Books Publishing

INHALT WÖRTERBUCH

T&P Books Publishing

T&P BOOKS

GRUNDBEGRIFFE

T&P Books Publishing

1. Pronomen

ich	ман	[man]
du	ту	[tu]
er	ӯ, вай	[œ], [vaj]
sie	ӯ, вай	[œ], [vaj]
es	он	[on]
wir	мо	[mo]
ihr	шумо	[ʃumo]
Sie (Sg.)	Шумо	[ʃumo]
Sie (pl)	Шумо	[ʃumo]
sie (die Bäume)	онон	[onon]
sie (die Menschen)	онхо, вайхо	[onho], [vajho]

2. Grüße. Begrüßungen

Hallo! (ugs.)	Салом!	[salom]
Hallo! (Amtsspr.)	Ассалом!	[assalom]
Guten Morgen!	Субхатон ба хайр!	[subhaton ba χajr]
Guten Tag!	Рӯз ба хайр!	[rœz ba χajr]
Guten Abend!	Шом ба хайр!	[ʃom ba χajr]
grüßen (vi, vt)	саломалейк кардан	[salomalejk kardan]
Hallo! (ugs.)	Ассалом! Салом!	[assalom salom]
Gruß (m)	вохӯрдй	[voχœrdi:]
begrüßen (vt)	вохӯрдй кардан	[voχœrdi: kardan]
Wie geht es Ihnen?	Корхоятон чй хел?	[korhojaton ʧi: χel]
Wie geht's dir?	Корхоят чй хел?	[korhojat ʧi: χel]
Was gibt es Neues?	Чй навигарй?	[ʧi: navigari:]
Auf Wiedersehen!	То дидан!	[to didan]
Wiedersehen! Tschüs!	Хайр!	[χajr]
Bis bald!	То вохӯрии наздик!	[to voχœri:i nazdik]
Lebe wohl!	Падруд!	[padrud]
Leben Sie wohl!	Хайрбод! Падруд!	[χajrbod padrud]
sich verabschieden	падруд гуфтан	[padrud guftan]
Tschüs!	Хайр!	[χajr]
Danke!	Рахмат!	[rahmat]
Dankeschön!	Бисёр рахмат!	[bisjor rahmat]
Bitte (Antwort)	Мархамат!	[marhamat]

| Keine Ursache. | Намеарзад | [namearzad] |
| Nichts zu danken. | Намеарзад | [namearzad] |

Entschuldige!	Бубахш!	[bubaxʃ]
Entschuldigung!	Бубахшед!	[bubaxʃed]
entschuldigen (vt)	афв кардан	[afv kardan]

sich entschuldigen	узр пурсидан	[uzr pursidan]
Verzeihung!	Маро бубахшед	[maro bubaxʃed]
Es tut mir leid!	Бубахшед!	[bubaxʃed]
verzeihen (vt)	бахшидан	[baxʃidan]
Das macht nichts!	Ҳеҷ гап не	[hetʃ gap ne]
bitte (Die Rechnung, ~!)	илтимос	[iltimos]

Nicht vergessen!	Фаромӯш накунед!	[faromœʃ nakuned]
Natürlich!	Албатта!	[albatta]
Natürlich nicht!	Албатта не!	[albatta ne]
Gut! Okay!	Розй!	[rozi:]
Es ist genug!	Бас!	[bas]

3. Fragen

Wer?	Кй?	[ki:]
Was?	Чй?	[tʃi:]
Wo?	Дар куҷо?	[dar kudʒo]
Wohin?	Куҷо?	[kudʒo]
Woher?	Аз куҷо?	[az kudʒo]
Wann?	Кай?	[kaj]
Wozu?	Барои чй?	[baroi tʃi:]
Warum?	Барои чй?	[baroi tʃi:]

Wofür?	Барои чй?	[baroi tʃi:]
Wie?	Чй хел?	[tʃi: xel]
Welcher?	Кадом?	[kadom]

Wem?	Ба кй?	[ba ki:]
Über wen?	Дар бораи кй?	[dar borai ki:]
Wovon? (~ sprichst du?)	Дар бораи чй?	[dar borai tʃi:]
Mit wem?	Бо кй?	[bo ki:]

Wie viele?	Чанд-то?	[tʃand-to]
Wie viel?	Чй қадар?	[tʃi: qadar]
Wessen?	Аз они кй?	[az oni ki:]

4. Präpositionen

| mit (Frau ~ Katzen) | бо, ҳамроҳи | [bo], [hamrohi] |
| ohne (~ Dich) | бе | [be] |

nach (~ London)	ба	[ba]
über	дар бораи	[dar borai]
(~ Geschäfte sprechen)		
vor (z.B. ~ acht Uhr)	пеш аз	[peʃ az]
vor (z.B. ~ dem Haus)	дар пеши	[dar peʃi]

unter (~ dem Schirm)	таги	[tagi]
über	дар болои	[dar boloi]
(~ dem Meeresspiegel)		
auf (~ dem Tisch)	ба болои	[ba boloi]
aus (z.B. ~ München)	аз	[az]
aus (z.B. ~ Porzellan)	аз	[az]

| in (~ zwei Tagen) | баъд аз | [ba'd az] |
| über (~ zaun) | аз болои ... | [az boloi] |

5. Funktionswörter. Adverbien. Teil 1

Wo?	Дар кучо?	[dar kudʒo]
hier	ин чо	[in dʒo]
dort	он чо	[on dʒo]

| irgendwo | дар кучое | [dar kudʒoe] |
| nirgends | дар хеч чо | [dar hedʒ dʒo] |

| an (bei) | дар назди ... | [dar nazdi] |
| am Fenster | дар назди тиреза | [dar nazdi tireza] |

Wohin?	Кучо?	[kudʒo]
hierher	ин чо	[in tʃo]
dahin	ба он чо	[ba on dʒo]
von hier	аз ин чо	[az in dʒo]
von da	аз он чо	[az on dʒo]

| nah (Adv) | наздик | [nazdik] |
| weit, fern (Adv) | дур | [dur] |

in der Nähe von ...	дар бари	[dar bari]
in der Nähe	бисёр наздик	[bisjor nazdik]
unweit (~ unseres Hotels)	наздик	[nazdik]

link (Adj)	чап	[tʃap]
links (Adv)	аз чап	[az tʃap]
nach links	ба тарафи чап	[ba tarafi tʃap]

recht (Adj)	рост	[rost]
rechts (Adv)	аз рост	[az rost]
nach rechts	ба тарафи рост	[ba tarafi rost]
vorne (Adv)	аз пеш	[az peʃ]
Vorder-	пешин	[peʃin]

vorwärts	ба пеш	[ba peʃ]
hinten (Adv)	дар қафои	[dar qafoi]
von hinten	аз қафо	[az qafo]
rückwärts (Adv)	ақиб	[aqib]
Mitte (f)	миёна	[mijɔna]
in der Mitte	дар миёна	[dar mijɔna]
seitlich (Adv)	аз паҳлу	[az pahlu]
überall (Adv)	дар ҳар ҷо	[dar har dʒo]
ringsherum (Adv)	гирду атроф	[girdu atrof]
von innen (Adv)	аз дарун	[az darun]
irgendwohin (Adv)	ба ким-куҷо	[ba kim-kudʒo]
geradeaus (Adv)	миёнбур карда	[mijɔnbur karda]
zurück (Adv)	ба ақиб	[ba aqib]
irgendwoher (Adv)	аз ягон ҷо	[az jagon dʒo]
von irgendwo (Adv)	аз як ҷо	[az jak dʒo]
erstens	аввалан	[avvalan]
zweitens	дуюм	[dujum]
drittens	сеюм	[sejum]
plötzlich (Adv)	ногоҳ, баногоҳ	[nogoh], [banogoh]
zuerst (Adv)	дар аввал	[dar avval]
zum ersten Mal	якумин	[jakumin]
lange vor...	хеле пеш	[xele peʃ]
von Anfang an	аз нав	[az nav]
für immer	тамоман	[tamoman]
nie (Adv)	ҳеҷ гоҳ	[hedʒ goh]
wieder (Adv)	боз, аз дигар	[boz], [az digar]
jetzt (Adv)	акнун	[aknun]
oft (Adv)	тез-тез	[tez-tez]
damals (Adv)	он вақт	[on vaqt]
dringend (Adv)	зуд, фавран	[zud], [favran]
gewöhnlich (Adv)	одатан	[odatan]
übrigens, ...	воқеан	[voqean]
möglicherweise (Adv)	шояд	[ʃojad]
wahrscheinlich (Adv)	эҳтимол	[ɛhtimol]
vielleicht (Adv)	эҳтимол, шояд	[ɛhtimol], [ʃojad]
außerdem ...	ғайр аз он	[ʁajr az on]
deshalb ...	бинобар ин	[binobar in]
trotz ...	ба ин нигоҳ накарда	[ba in nigoh nakarda]
dank ...	ба туфайли ...	[ba tufajli]
was (~ ist denn?)	чӣ	[tʃiː]
das (~ ist alles)	ки	[ki]
etwas	чизе	[tʃize]
irgendwas	ягон чиз	[jagon tʃiz]

nichts	хеҷ чиз	[hedʒ tʃiz]
wer (~ ist ~?)	кй	[ki:]
jemand	ким-кй	[kim-ki:]
irgendwer	касе	[kase]
niemand	хеҷ кас	[hedʒ kas]
nirgends	ба хеҷ куҷо	[ba hedʒ kudʒo]
niemandes (~ Eigentum)	бесоҳиб	[besohib]
jemandes	аз они касе	[az oni kase]
so (derart)	чунон	[tʃunon]
auch	ҳам	[ham]
ebenfalls	низ, ҳам	[niz], [ham]

6. Funktionswörter. Adverbien. Teil 2

Warum?	Барои чй?	[baroi tʃi:]
aus irgendeinem Grund	бо ким-кадом сабаб	[bo kim-kadom sabab]
weil …	зеро ки	[zero ki]
zu irgendeinem Zweck	барои чизе	[baroi tʃize]
und	ва, … у, … ю	[va], [u], [ju]
oder	ё	[jɔ]
aber	аммо, лекин	[ammo], [lekin]
für (präp)	барои	[baroi]
zu (~ viele)	аз меъёр зиёд	[az me'jɔr zijɔd]
nur (~ einmal)	фақат	[faqat]
genau (Adv)	айнан	[ajnan]
etwa	тақрибан	[taqriban]
ungefähr (Adv)	тақрибан	[taqriban]
ungefähr (Adj)	тақрибй	[taqribi:]
fast	қариб	[qarib]
Übrige (n)	боқимонда	[boqimonda]
der andere	дигар	[digar]
andere	дигар	[digar]
jeder (~ Mann)	ҳар	[har]
beliebig (Adj)	ҳар	[har]
viel	бисёр, хеле	[bisjɔr], [ҳele]
viele Menschen	бисёриҳо	[bisjɔriho]
alle (wir ~)	ҳама	[hama]
im Austausch gegen …	ба ивази	[ba ivazi]
dafür (Adv)	ба ивазаш	[ba ivazaʃ]
mit der Hand (Hand-)	дастй	[dasti:]
schwerlich (Adv)	ба гумон	[ba gumon]
wahrscheinlich (Adv)	эҳтимол, шояд	[ɛhtimol], [ʃojad]
absichtlich (Adv)	барқасд	[barqasd]

zufällig (Adv)	**тасодуфан**	[tasodufan]
sehr (Adv)	**хеле**	[χele]
zum Beispiel	**масалан, чунончи**	[masalan], [ʧunonʧi]
zwischen	**дар байни**	[dar bajni]
unter (Mörder sind ~ uns)	**дар байни …**	[dar bajni]
so viele (~ Ideen)	**ин қадар**	[in qadar]
besonders (Adv)	**хусусан**	[χususan]

T&P BOOKS

ZAHLEN. VERSCHIEDENES

T&P Books Publishing

null	сифр	[sifr]
eins	як	[jak]
zwei	ду	[du]
drei	се	[se]
vier	чор, чаҳор	[ʧor], [ʧahor]
fünf	панҷ	[panʤ]
sechs	шаш	[ʃaʃ]
sieben	ҳафт	[haft]
acht	ҳашт	[haʃt]
neun	нуҳ	[nuh]
zehn	даҳ	[dah]
elf	ёздаҳ	[jozdah]
zwölf	дувоздаҳ	[duvozdah]
dreizehn	сездаҳ	[sezdah]
vierzehn	чордаҳ	[ʧordah]
fünfzehn	понздаҳ	[ponzdah]
sechzehn	шонздаҳ	[ʃonzdah]
siebzehn	ҳафдаҳ	[hafdah]
achtzehn	ҳаждаҳ	[haʒdah]
neunzehn	нуздаҳ	[nuzdah]
zwanzig	бист	[bist]
einundzwanzig	бисту як	[bistu jak]
zweiundzwanzig	бисту ду	[bistu du]
dreiundzwanzig	бисту се	[bistu se]
dreißig	сӣ	[siː]
einunddreißig	сию як	[siju jak]
zweiunddreißig	сию ду	[siju du]
dreiunddreißig	сию се	[siju se]
vierzig	чил	[ʧil]
einundvierzig	чилу як	[ʧilu jak]
zweiundvierzig	чилу ду	[ʧilu du]
dreiundvierzig	чилу се	[ʧilu se]
fünfzig	панҷоҳ	[panʤoh]
einundfünfzig	панҷоху як	[panʤohu jak]
zweiundfünfzig	панҷоху ду	[panʤohu du]
dreiundfünfzig	панҷоху се	[panʤohu se]
sechzig	шаст	[ʃast]

einundsechzig	шасту як	[ʃastu jak]
zweiundsechzig	шасту ду	[ʃastu du]
dreiundsechzig	шасту се	[ʃastu se]

siebzig	ҳафтод	[haftod]
einundsiebzig	ҳафтоду як	[haftodu jak]
zweiundsiebzig	ҳафтоду ду	[haftodu du]
dreiundsiebzig	ҳафтоду се	[haftodu se]

achtzig	ҳаштод	[haʃtod]
einundachtzig	ҳаштоду як	[haʃtodu jak]
zweiundachtzig	ҳаштоду ду	[haʃtodu du]
dreiundachtzig	ҳаштоду се	[haʃtodu se]

neunzig	навад	[navad]
einundneunzig	наваду як	[navadu jak]
zweiundneunzig	наваду ду	[navadu du]
dreiundneunzig	наваду се	[navadu se]

8. Grundzahlen. Teil 2

einhundert	сад	[sad]
zweihundert	дусад	[dusad]
dreihundert	сесад	[sesad]
vierhundert	чорсад, чаҳорсад	[tʃorsad], [tʃahorsad]
fünfhundert	панчсад	[pandʒsad]

sechshundert	шашсад	[ʃaʃsad]
siebenhundert	ҳафтсад	[haftsad]
achthundert	ҳаштсад	[haʃtsad]
neunhundert	нӯхсадум	[nœhsadum]

eintausend	ҳазор	[hazor]
zweitausend	ду ҳазор	[du hazor]
dreitausend	се ҳазор	[se hazor]
zehntausend	даҳ ҳазор	[dah hazor]
hunderttausend	сад ҳазор	[sad hazor]
Million (f)	миллион	[million]
Milliarde (f)	миллиард	[milliard]

9. Ordnungszahlen

der erste	якум	[jakum]
der zweite	дуюм	[dujum]
der dritte	сеюм	[sejum]
der vierte	чорум	[tʃorum]
der fünfte	панчум	[pandʒum]
der sechste	шашум	[ʃaʃum]

der siebte	хафтум	[haftum]
der achte	хаштум	[haʃtum]
der neunte	нӯхум	[nœhum]
der zehnte	дахӯм	[dahœm]

FARBEN. MASSEINHEITEN

T&P Books Publishing

10. Farben

Farbe (f)	ранг	[rang]
Schattierung (f)	тобиш	[tobiʃ]
Farbton (m)	тобиш, лавн	[tobiʃ], [lavn]
Regenbogen (m)	рангинкамон	[ranginkamon]
weiß	сафед	[safed]
schwarz	сиёх	[sijoh]
grau	адкан	[adkan]
grün	сабз, кабуд	[sabz], [kabud]
gelb	зард	[zard]
rot	сурх, арғувонӣ	[surχ], [arʁuvoni:]
blau	кабуд	[kabud]
hellblau	осмонӣ	[osmoni:]
rosa	гулобӣ	[gulobi:]
orange	норанҷӣ	[norandʒi:]
violett	бунафш	[bunafʃ]
braun	қахвагӣ	[qahvagi:]
golden	тиллоранг	[tillorang]
silbrig	нуқрафом	[nuqrafom]
beige	каҳваранг	[kahvarang]
cremefarben	зардтоб	[zardtob]
türkis	фирӯзаранг	[firœzarang]
kirschrot	олуболугӣ	[olubolugi:]
lila	бунафш, нофармон	[bunafʃ], [nofarmon]
himbeerrot	сурхи сиехтоб	[surχi siehtob]
hell	кушод	[kuʃod]
dunkel	торик	[torik]
grell	тоза	[toza]
Farb- (z.B. -stifte)	ранга	[ranga]
Farb- (z.B. -film)	ранга	[ranga]
schwarz-weiß	сиёху сафед	[sijohu safed]
einfarbig	якранга	[jakranga]
bunt	рангоранг	[rangorang]

11. Maßeinheiten

Gewicht (n)	вазн	[vazn]
Länge (f)	дарозӣ	[darozi:]

Breite (f)	арз	[arz]
Höhe (f)	баландй	[balandi:]
Tiefe (f)	чуқурй	[tʃuquri:]
Volumen (n)	ҳаҷм	[hadʒm]
Fläche (f)	масоҳат	[masohat]

Gramm (n)	грам	[gram]
Milligramm (n)	миллиграмм	[milligramm]
Kilo (n)	килограмм	[kilogramm]
Tonne (f)	тонна	[tonna]
Pfund (n)	қадоқ	[qadoq]
Unze (f)	вақия	[vaqija]

Meter (m)	метр	[metr]
Millimeter (m)	миллиметр	[millimetr]
Zentimeter (m)	сантиметр	[santimetr]
Kilometer (m)	километр	[kilometr]
Meile (f)	мил	[mil]

| Fuß (m) | фут | [fut] |
| Yard (n) | ярд | [jard] |

| Quadratmeter (m) | метри квадратй | [metri kvadrati:] |
| Hektar (n) | гектар | [gektar] |

Liter (m)	литр	[litr]
Grad (m)	дараҷа	[daradʒa]
Volt (n)	волт	[volt]
Ampere (n)	ампер	[amper]
Pferdestärke (f)	қувваи асп	[quvvai asp]

Anzahl (f)	миқдор	[miqdor]
etwas ...	камтар	[kamtar]
Hälfte (f)	нисф	[nisf]
Stück (n)	дона	[dona]

| Größe (f) | ҳаҷм | [hadʒm] |
| Maßstab (m) | масштаб | [masʃtab] |

minimal (Adj)	камтарин	[kamtarin]
der kleinste	хурдтарин	[xurdtarin]
mittler, mittel-	миёна	[mijona]
maximal (Adj)	ниҳоят калон	[nihojat kalon]
der größte	калонтарин	[kalontarin]

12. Behälter

Glas (n) (Einmachglas)	банкаи шишагй	[bankai ʃʃagi:]
Dose (f) (z.B. Bierdose)	банкаи тунукагй	[bankai tunukagi:]
Eimer (m)	сатил	[satil]

Fass (n), Tonne (f)	бочка, чалак	[botʃka], [tʃalak]
Waschschüssel (n)	тағора	[taʁora]
Tank (m)	бак, чалак	[bak], [tʃalak]
Flachmann (m)	обдон	[obdon]
Kanister (m)	канистра	[kanistra]
Zisterne (f)	систерна	[sisterna]

Kaffeebecher (m)	кружка, дӯлча	[kruʒka], [dœltʃa]
Tasse (f)	косача	[kosatʃa]
Untertasse (f)	тақсимй, тақсимича	[taqsimi:], [taqsimitʃa]
Wasserglas (n)	стакан	[stakan]
Weinglas (n)	бокал	[bokal]
Kochtopf (m)	дегча	[degtʃa]

| Flasche (f) | шиша, сурохӣ | [ʃiʃa], [surohi:] |
| Flaschenhals (m) | даҳани шиша | [dahani ʃiʃa] |

Karaffe (f)	сурохӣ	[surohi:]
Tonkrug (m)	кӯза	[kœza]
Gefäß (n)	зарф	[zarf]
Topf (m)	хурмача	[χurmatʃa]
Vase (f)	гулдон	[guldon]

Flakon (n)	шиша	[ʃiʃa]
Fläschchen (n)	ҳубобча	[hubobtʃa]
Tube (f) (z.B. Zahnpasta)	лӯлача	[lœlatʃa]

Sack (m) (~ Kartoffeln)	халта	[χalta]
Tüte (f) (z.B. Plastiktüte)	халта	[χalta]
Schachtel (f) (z.B. Zigaretten~)	қуттӣ	[qutti:]

Karton (m) (z.B. Schuhkarton)	қуттӣ	[qutti:]
Kiste (f) (z.B. Bananenkiste)	қуттӣ	[qutti:]
Korb (m)	сабад	[sabad]

T&P BOOKS

DIE WICHTIGSTEN VERBEN

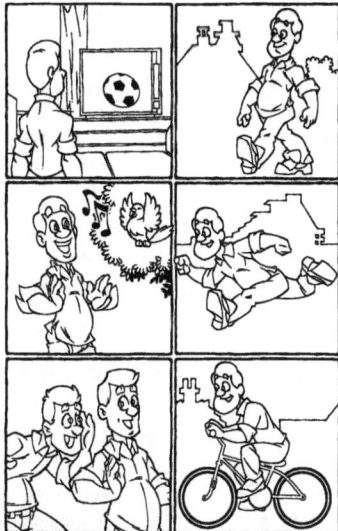

T&P Books Publishing

abbiegen (nach links ~)	гардонидан	[gardonidan]
abschicken (vt)	ирсол кардан	[irsol kardan]
ändern (vt)	иваз кардан	[ivaz kardan]
andeuten (vt)	луқма додан	[luqma dodan]
Angst haben	тарсидан	[tarsidan]
ankommen (vi)	расидан	[rasidan]
antworten (vi)	ҷавоб додан	[dʒavob dodan]
arbeiten (vi)	кор кардан	[kor kardan]
auf … zählen	умед бастан	[umed bastan]
aufbewahren (vt)	нигоҳ доштан	[nigoh doʃtan]
aufschreiben (vt)	навиштан	[naviʃtan]
ausgehen (vi)	баромадан	[baromadan]
aussprechen (vt)	талаффуз кардан	[talaffuz kardan]
bedauern (vt)	таассуф хӯрдан	[taassuf χœrdan]
bedeuten (vt)	маъно доштан	[ma'no doʃtan]
beenden (vt)	тамом кардан	[tamom kardan]
befehlen (Milit.)	фармон додан	[farmon dodan]
befreien (Stadt usw.)	озод кардан	[ozod kardan]
beginnen (vi)	сар кардан	[sar kardan]
bemerken (vt)	дида мондан	[dida mondan]
beobachten (vt)	назорат кардан	[nazorat kardan]
berühren (vt)	даст расондан	[dast rasondan]
besitzen (vt)	соҳиб будан	[sohib budan]
besprechen (vt)	муҳокима кардан	[muhokima kardan]
bestehen (vi)	сахт истодан	[saχt istodan]
bestellen (im Restaurant)	супоридан	[suporidan]
bestrafen (vt)	ҷазо додан	[dʒazo dodan]
beten (vi)	намоз хондан	[namoz χondan]
bitten (vt)	пурсидан	[pursidan]
brechen (vi, vt)	шикастан	[ʃikastan]
denken (vi, vt)	фикр кардан	[fikr kardan]
drohen (vi)	дӯғ задан	[dœʁ zadan]
Durst haben	об хостан	[ob χostan]
einladen (vt)	даъват кардан	[da'vat kardan]
einstellen (vt)	бас кардан	[bas kardan]
einwenden (vt)	зид баромадан	[zid baromadan]
empfehlen (vt)	маслиҳат додан	[maslihat dodan]
erklären (vt)	шарҳ додан	[ʃarh dodan]

erlauben (vt)	ичозат додан	[idʒozat dodan]
ermorden (vt)	куштан	[kuʃtan]
erwähnen (vt)	гуфта гузаштан	[gufta guzaʃtan]
existieren (vi)	зиндагй кардан	[zindagi: kardan]

14. Die wichtigsten Verben. Teil 2

fallen (vi)	афтодан	[aftodan]
fallen lassen	афтондан	[aftondan]
fangen (vt)	доштан	[doʃtan]
finden (vt)	ёфтан	[jɔftan]
fliegen (vi)	паридан	[paridan]

folgen (Folge mir!)	рафтан	[raftan]
fortsetzen (vt)	давомат кардан	[davomat kardan]
fragen (vt)	пурсидан	[pursidan]
frühstücken (vi)	ноништа кардан	[noniʃta kardan]
geben (vt)	додан	[dodan]

gefallen (vi)	форидан	[foridan]
gehen (zu Fuß gehen)	рафтан	[raftan]
gehören (vi)	таалук доштан	[taaluq doʃtan]
graben (vt)	кофтан	[koftan]

haben (vt)	доштан	[doʃtan]
helfen (vi)	кумак кардан	[kumak kardan]
herabsteigen (vi)	фуромадан	[furomadan]

hereinkommen (vi)	даромадан	[daromadan]
hoffen (vi)	умед доштан	[umed doʃtan]
hören (vt)	шунидан	[ʃunidan]
hungrig sein	хӯрок хостан	[xœrok xostan]
informieren (vt)	ахборот додан	[axborot dodan]

jagen (vi)	шикор кардан	[ʃikor kardan]
kennen (vt)	донистан	[donistan]
klagen (vi)	шикоят кардан	[ʃikojat kardan]
können (v mod)	тавонистан	[tavonistan]
kontrollieren (vt)	назорат кардан	[nazorat kardan]

kosten (vt)	арзидан	[arzidan]
kränken (vt)	тахкир кардан	[tahqir kardan]
lächeln (vi)	табассум кардан	[tabassum kardan]
lachen (vi)	хандидан	[xandidan]
laufen (vi)	давидан	[davidan]

leiten (Betrieb usw.)	сардорй кардан	[sardori: kardan]
lernen (vt)	омӯхтан	[omœxtan]
lesen (vi, vt)	хондан	[xondan]
lieben (vt)	дӯст доштан	[dœst doʃtan]

machen (vt)	кардан	[kardan]
mieten (Haus usw.)	ба иҷора гирифтан	[ba idʒora giriftan]
nehmen (vt)	гирифтан	[giriftan]
noch einmal sagen	такрор кардан	[takror kardan]
nötig sein	даркор будан	[darkor budan]
öffnen (vt)	кушодан	[kuʃodan]

15. Die wichtigsten Verben. Teil 3

planen (vt)	нақша кашидан	[naqʃa kaʃidan]
prahlen (vi)	худситой кардан	[χudsitoi: kardan]
raten (vt)	маслиҳат додан	[maslihat dodan]
rechnen (vt)	ҳисоб кардан	[hisob kardan]
reservieren (vt)	нигоҳ доштан	[nigoh doʃtan]

retten (vt)	наҷот додан	[nadʒot dodan]
richtig raten (vt)	ёфтан	[joftan]
rufen (um Hilfe ~)	чеғ задан	[dʒeʁ zadan]
sagen (vt)	гуфтан	[guftan]
schaffen (Etwas Neues zu ~)	офаридан	[ofaridan]

schelten (vt)	дашном додан	[daʃnom dodan]
schießen (vi)	тир задан	[tir zadan]
schmücken (vt)	оростан	[orostan]
schreiben (vi, vt)	навиштан	[naviʃtan]
schreien (vi)	дод задан	[dod zadan]

schweigen (vi)	хомӯш будан	[χomœʃ budan]
schwimmen (vi)	шино кардан	[ʃino kardan]
schwimmen gehen	оббозӣ кардан	[obbozi: kardan]
sehen (vi, vt)	дидан	[didan]

sein (vi)	будан	[budan]
sich beeilen	шитоб кардан	[ʃitob kardan]
sich entschuldigen	узр пурсидан	[uzr pursidan]
sich interessieren	ҳавас кардан	[havas kardan]

sich irren	хато кардан	[χato kardan]
sich setzen	нишастан	[niʃastan]
sich weigern	рад кардан	[rad kardan]
spielen (vi, vt)	бозӣ кардан	[bozi. kardan]
sprechen (vi)	гап задан	[gap zadan]

staunen (vi)	ба ҳайрат афтодан	[ba hajrat aftodan]
stehlen (vt)	дуздидан	[duzdidan]
stoppen (vt)	истодан	[istodan]
suchen (vt)	ҷустан	[dʒustan]
täuschen (vt)	фиребтан	[fireftan]
teilnehmen (vi)	иштирок кардан	[iʃtirok kardan]

übersetzen (Buch usw.)	тарчума кардан	[tardʒuma kardan]
unterschätzen (vt)	хунукназарӣ кардан	[xunuknazari: kardan]
unterschreiben (vt)	имзо кардан	[imzo kardan]

16. Die wichtigsten Verben. Teil 4

vereinigen (vt)	якҷоя кардан	[jakdʒoja kardan]
vergessen (vt)	фаромӯш кардан	[faromœʃ kardan]
vergleichen (vt)	муқоиса кардан	[muqoisa kardan]
verkaufen (vt)	фурӯхтан	[furœxtan]
verlangen (vt)	талаб кардан	[talab kardan]

versäumen (vt)	набудан	[nabudan]
versprechen (vt)	ваъда додан	[va'da dodan]
verstecken (vt)	пинхон кардан	[pinhon kardan]
verstehen (vt)	фаҳмидан	[fahmidan]
versuchen (vt)	озмоиш кардан	[ozmoiʃ kardan]

verteidigen (vt)	муҳофиза кардан	[muhofiza kardan]
vertrauen (vi)	бовар кардан	[bovar kardan]
verwechseln (vt)	иштибох кардан	[iʃtiboh kardan]
verzeihen (vi, vt)	афв кардан	[afv kardan]
verzeihen (vt)	бахшидан	[baxʃidan]

voraussehen (vt)	пешбинӣ кардан	[peʃbini: kardan]
vorschlagen (vt)	таклиф кардан	[taklif kardan]
vorziehen (vt)	бехтар донистан	[bextar donistan]
wählen (vt)	интихоб кардан	[intixob kardan]
warnen (vt)	танбех додан	[tanbeh dodan]

warten (vi)	поидан	[poidan]
weinen (vi)	гиря кардан	[girja kardan]
wissen (vt)	донистан	[donistan]
Witz machen	шӯхӣ кардан	[ʃœxi: kardan]
wollen (vt)	хостан	[xostan]
zahlen (vt)	пул додан	[pul dodan]

zeigen (jemandem etwas)	нишон додан	[niʃon dodan]
zu Abend essen	хӯроки шом хӯрдан	[xœroki ʃom xœrdan]
zu Mittag essen	хӯроки пешин хӯрдан	[xœroki peʃin xœrdan]
zubereiten (vt)	пухтан	[puxtan]
zustimmen (vi)	розигӣ додан	[rozigi: dodan]
zweifeln (vi)	шак доштан	[ʃak doʃtan]

T&P BOOKS

ZEIT. KALENDER

T&P Books Publishing

17. Wochentage

Montag (m)	душанбе	[duʃanbe]
Dienstag (m)	сешанбе	[seʃanbe]
Mittwoch (m)	чоршанбе	[tʃorʃanbe]
Donnerstag (m)	панҷшанбе	[pandʒʃanbe]
Freitag (m)	ҷумъа	[dʒum'a]
Samstag (m)	шанбе	[ʃanbe]
Sonntag (m)	якшанбе	[jakʃanbe]

heute	имрӯз	[imrœz]
morgen	пагох, фардо	[pagoh], [fardo]
übermorgen	пасфардо	[pasfardo]
gestern	дирӯз, дина	[dirœz], [dina]
vorgestern	парирӯз	[parirœz]

Tag (m)	рӯз	[rœz]
Arbeitstag (m)	рӯзи кор	[rœzi kor]
Feiertag (m)	рӯзи ид	[rœzi id]
freier Tag (m)	рӯзи истироҳат	[rœzi istirohat]
Wochenende (n)	рӯзҳои истироҳат	[rœzhoi istirohat]

den ganzen Tag	тамоми рӯз	[tamomi rœz]
am nächsten Tag	рӯзи дигар	[rœzi digar]
zwei Tage vorher	ду рӯз пеш	[du rœz peʃ]
am Vortag	як рӯз пеш	[jak rœz peʃ]
täglich (Adj)	ҳаррӯза	[harrœza]
täglich (Adv)	ҳар рӯз	[har rœz]

Woche (f)	ҳафта	[hafta]
letzte Woche	ҳафтаи гузашта	[haftai guzaʃta]
nächste Woche	ҳафтаи оянда	[haftai ojanda]
wöchentlich (Adj)	ҳафтаина	[haftaina]
wöchentlich (Adv)	ҳар ҳафта	[har hafta]
zweimal pro Woche	ҳафтае ду маротиба	[haftae du marotiba]
jeden Dienstag	ҳар сешанбе	[har seʃanbe]

18. Stunden. Tag und Nacht

Morgen (m)	пагоҳӣ	[pagohi:]
morgens	пагоҳирӯзӣ	[pagohirœzi:]
Mittag (m)	нисфи рӯз	[nisfi rœz]
nachmittags	баъди пешин	[ba'di peʃin]
Abend (m)	бегоҳ, бегоҳирӯз	[begoh], [begohirœz]

abends	бегоҳӣ, бегоҳирӯзӣ	[begohi:], [begohirœzi:]
Nacht (f)	шаб	[ʃab]
nachts	шабона	[ʃabona]
Mitternacht (f)	нисфи шаб	[nisfi ʃab]
Sekunde (f)	сония	[sonija]
Minute (f)	дақиқа	[daqiqa]
Stunde (f)	соат	[soat]
eine halbe Stunde	нимсоат	[nimsoat]
Viertelstunde (f)	чоряки соат	[tʃorjaki soat]
fünfzehn Minuten	понздаҳ дақиқа	[ponzdah daqiqa]
Tag und Nacht	шабонарӯз	[ʃabonarœz]
Sonnenaufgang (m)	тулӯъ	[tulœ']
Morgendämmerung (f)	субҳидам	[subhidam]
früher Morgen (m)	субҳи барвақт	[subhi barvaqt]
Sonnenuntergang (m)	ғуруби офтоб	[ʁurubi oftob]
früh am Morgen	субҳи барвақт	[subhi barvaqt]
heute Morgen	имрӯз пагоҳӣ	[imrœz pagohi:]
morgen früh	пагоҳ саҳарӣ	[pagoh sahari:]
heute Mittag	имрӯз	[imrœz]
nachmittags	баъди пешин	[ba'di peʃin]
morgen Nachmittag	пагоҳ баъди пешин	[pagoh ba'di peʃin]
heute Abend	ҳамин бегоҳ	[hamin begoh]
morgen Abend	фардо бегоҳӣ	[fardo begohi:]
Punkt drei Uhr	расо соати се	[raso soati se]
gegen vier Uhr	наздикии соати чор	[nazdiki:i soati tʃor]
um zwölf Uhr	соатҳои дувоздаҳ	[soathoi duvozdah]
in zwanzig Minuten	баъд аз бист дақиқа	[ba'd az bist daqiqa]
in einer Stunde	баъд аз як соат	[ba'd az jak soat]
rechtzeitig (Adv)	дар вақташ	[dar vaqtaʃ]
Viertel vor ...	понздаҳто кам	[ponzdahto kam]
innerhalb einer Stunde	дар давоми як соат	[dar davomi jak soat]
alle fünfzehn Minuten	ҳар понздаҳ дақиқа	[har ponzdah daqiqa]
Tag und Nacht	шабу рӯз	[ʃabu rœz]

19. Monate. Jahreszeiten

Januar (m)	январ	[janvar]
Februar (m)	феврал	[fevral]
März (m)	март	[mart]
April (m)	апрел	[aprel]
Mai (m)	май	[maj]
Juni (m)	июн	[ijun]

Juli (m)	июл	[ijul]
August (m)	август	[avgust]
September (m)	сентябр	[sentjabr]
Oktober (m)	октябр	[oktjabr]
November (m)	ноябр	[nojabr]
Dezember (m)	декабр	[dekabr]
Frühling (m)	баҳор, баҳорон	[bahor], [bahoron]
im Frühling	дар фасли баҳор	[dar fasli bahor]
Frühlings-	баҳорй	[bahori:]
Sommer (m)	тобистон	[tobiston]
im Sommer	дар тобистон	[dar tobiston]
Sommer-	тобистона	[tobistona]
Herbst (m)	тирамоҳ	[tiramoh]
im Herbst	дар тирамоҳ	[dar tiramoh]
Herbst-	… и тирамоҳ	[i tiramoh]
Winter (m)	зимистон	[zimiston]
im Winter	дар зимистон	[dar zimiston]
Winter-	зимистонй,	[zimistoni:],
	… и зимистон	[i zimiston]
Monat (m)	моҳ	[moh]
in diesem Monat	ҳамин моҳ	[hamin moh]
nächsten Monat	дар моҳи оянда	[dar mohi ojanda]
letzten Monat	дар моҳи гузашта	[dar mohi guzaʃta]
vor einem Monat	як моҳ пеш	[jak moh peʃ]
über eine Monat	баъд аз як моҳ	[ba'd az jak moh]
über zwei Monaten	баъд аз ду моҳ	[ba'd az du moh]
einen ganzen Monat	тамоми моҳ	[tamomi moh]
monatlich (Adj)	ҳармоҳа	[harmoha]
monatlich (Adv)	ҳар моҳ	[har moh]
jeden Monat	ҳар моҳ	[har moh]
zweimal pro Monat	ду маротиба дар як моҳ	[du marotiba dar jak moh]
Jahr (n)	сол	[sol]
dieses Jahr	ҳамин сол	[hamin sol]
nächstes Jahr	соли оянда	[soli ojanda]
voriges Jahr	соли гузашта	[soli guzaʃta]
vor einem Jahr	як сол пеш	[jak sol peʃ]
über ein Jahr	баъд аз як сол	[ba'd az jak sol]
über zwei Jahre	баъд аз ду сол	[ba'd az du sol]
ein ganzes Jahr	як соли пурра	[jak soli purra]
jedes Jahr	ҳар сол	[har sol]
jährlich (Adj)	ҳарсола	[harsola]
jährlich (Adv)	ҳар сол	[har sol]

viermal pro Jahr	чор маротиба	[tʃor marotiba
	дар як сол	dar jak sol]
Datum (n) (heutige ~)	таърих, рӯз	[ta'riχ], [rœz]
Datum (n) (Geburts-)	сана	[sana]
Kalender (m)	тақвим, солнома	[taqvim], [solnoma]
ein halbes Jahr	ним сол	[nim sol]
Halbjahr (n)	нимсола	[nimsola]
Saison (f)	фасл	[fasl]
Jahrhundert (n)	аср	[asr]

REISEN. HOTEL

T&P Books Publishing

20. Ausflug. Reisen

Tourismus (m)	туризм, саёхат	[turizm], [sajɔχat]
Tourist (m)	саёхатчй	[sajɔhattʃi:]
Reise (f)	саёхат	[sajɔhat]
Abenteuer (n)	саргузашт	[sarguzaʃt]
Fahrt (f)	сафар	[safar]
Urlaub (m)	рухсатй	[ruχsati:]
auf Urlaub sein	дар рухсатй будан	[dar ruχsati: budan]
Erholung (f)	истирохат	[istirohat]
Zug (m)	поезд, қатор	[poezd], [qator]
mit dem Zug	бо қатора	[bo qatora]
Flugzeug (n)	хавопаймо	[havopajmo]
mit dem Flugzeug	бо хавопаймо	[bo havopajmo]
mit dem Auto	бо мошин	[bo moʃin]
mit dem Schiff	бо киштй	[bo kiʃti:]
Gepäck (n)	бағоч, бор	[baʁɔdʒ], [bor]
Koffer (m)	чомадон	[dʒomadon]
Gepäckwagen (m)	аробаи боғочкашй	[arobai boʁotʃkaʃi:]
Pass (m)	шиноснома	[ʃinosnoma]
Visum (n)	виза	[viza]
Fahrkarte (f)	билет	[bilet]
Flugticket (n)	чиптаи хавопаймо	[tʃiptai havopajmo]
Reiseführer (m)	роҳнома	[rohnoma]
Landkarte (f)	харита	[χarita]
Gegend (f)	чой, махал	[dʒoj], [mahal]
Ort (m) (wunderbarer ~)	чой	[dʒoj]
Exotika (pl)	ғароибот	[ʁaroibot]
exotisch	... и ғароиб	[i ʁaroib]
erstaunlich (Adj)	хайратангез	[hajratangez]
Gruppe (f)	гурӯҳ	[gurœh]
Ausflug (m)	экскурсия, саёхат	[ɛkskursija], [sajɔhat]
Reiseleiter (m)	роҳбари экскурсия	[rohbari ɛkskursija]

21. Hotel

Hotel (n)	мехмонхона	[mehmonχona]
Motel (n)	мехмонхона	[mehmonχona]

drei Sterne	се ситорадор	[se sitorador]
fünf Sterne	панҷ ситорадор	[pandʒ sitorador]
absteigen (vi)	фуромадан	[furomadan]

Hotelzimmer (n)	ҳуҷра	[hudʒra]
Einzelzimmer (n)	ҳуҷраи якнафара	[hudʒrai jaknafara]
Zweibettzimmer (n)	ҳуҷраи дунафара	[hudʒrai dunafara]
reservieren (vt)	банд кардани ҳуҷра	[band kardani hudʒra]

| Halbpension (f) | бо нимтаъминот | [bo nimta'minot] |
| Vollpension (f) | бо таъминоти пурра | [bo ta'minoti purra] |

mit Bad	ваннадор	[vannador]
mit Dusche	душдор	[duʃdor]
Satellitenfernsehen (n)	телевизиони спутникӣ	[televizioni sputniki:]
Klimaanlage (f)	кондитсионер	[konditsioner]
Handtuch (n)	сачоқ	[satʃoq]
Schlüssel (m)	калид	[kalid]

Verwalter (m)	маъмур, мудир	[ma'mur], [mudir]
Zimmermädchen (n)	пешхизмат	[peʃχizmat]
Träger (m)	ҳаммол	[hammol]
Portier (m)	дарбони меҳмонхона	[darboni mehmonχona]

Restaurant (n)	тарабхона	[tarabχona]
Bar (f)	бар	[bar]
Frühstück (n)	ноништа	[noniʃta]
Abendessen (n)	шом	[ʃom]
Buffet (n)	мизи шведӣ	[mizi ʃvedi:]

| Foyer (n) | миёнсарой | [mijɔnsarɔj] |
| Aufzug (m), Fahrstuhl (m) | лифт | [lift] |

| BITTE NICHT STÖREN! | ХАЛАЛ НАРАСОНЕД | [χalal narasoned] |
| RAUCHEN VERBOTEN! | ТАМОКУ НАКАШЕД! | [tamoku nakaʃed] |

22. Sehenswürdigkeiten

Denkmal (n)	ҳайкал	[hajkal]
Festung (f)	ҳисор	[hisor]
Palast (m)	қаср	[qasr]
Schloss (n)	кӯшк	[kœʃk]
Turm (m)	манора, бурҷ	[manora], [burdʒ]
Mausoleum (n)	мавзолей, мақбара	[mavzolej], [maqbara]

Architektur (f)	меъморӣ	[me'mori:]
mittelalterlich	асримиёнагӣ	[asrimijɔnagi:]
alt (antik)	қадим	[qadim]
national	миллӣ	[milli:]
berühmt	маъруф	[ma'ruf]

Tourist (m)	саёхатчй	[sajohattʃiː]
Fremdenführer (m)	роҳбалад	[rohbalad]
Ausflug (m)	экскурсия	[ɛkskursija]
zeigen (vt)	нишон додан	[niʃon dodan]
erzählen (vt)	нақл кардан	[naql kardan]
finden (vt)	ёфтан	[joftan]
sich verlieren	роҳ гум кардан	[roh gum kardan]
Karte (f) (U-Bahn ~)	накша	[nakʃa]
Karte (f) (Stadt-)	накша	[naqʃa]
Souvenir (n)	тӯхфа	[tœhfa]
Souvenirladen (m)	мағозаи тухфахо	[maʁozai tuhfaho]
fotografieren (vt)	сурат гирифтан	[surat giriftan]
sich fotografieren	сурати худро гирондан	[surati χudro girondan]

T&P BOOKS

TRANSPORT

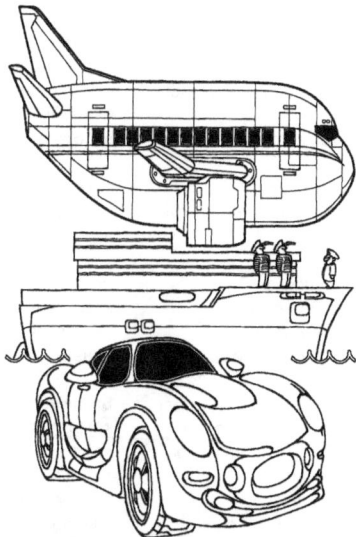

T&P Books Publishing

23. Flughafen

Flughafen (m)	аэропорт	[aɛroport]
Flugzeug (n)	ҳавопаймо	[havopajmo]
Fluggesellschaft (f)	ширкати ҳавопаймой	[ʃirkati havopajmoi:]
Fluglotse (m)	диспечер	[dispetʃer]
Abflug (m)	парвоз	[parvoz]
Ankunft (f)	парида омадан	[parida omadan]
anfliegen (vi)	парида омадан	[parida omadan]
Abflugzeit (f)	ваҳти паридан	[vaqti paridan]
Ankunftszeit (f)	ваҳти шиштан	[vaqti ʃiʃtan]
sich verspäten	боздоштан	[bozdoʃtan]
Abflugverspätung (f)	боздоштани парвоз	[bozdoʃtani parvoz]
Anzeigetafel (f)	тахтаи ахборот	[taχtai aχborot]
Information (f)	ахборот	[aχborot]
anzeigen (vt)	эълон кардан	[ɛ'lon kardan]
Flug (m)	сафар, рейс	[safar], [rejs]
Zollamt (n)	гумрукхона	[gumrukχona]
Zollbeamter (m)	гумрукчй	[gumruktʃi:]
Zolldeklaration (f)	декларатсияи гумрукй	[deklaratsijai gumruki:]
ausfüllen (vt)	пур кардан	[pur kardan]
die Zollerklärung ausfüllen	пур кардани декларатсия	[pur kardani deklaratsija]
Passkontrolle (f)	назорати шиносНома	[nazorati ʃinosnoma]
Gepäck (n)	бағоч, бор	[baʁodʒ], [bor]
Handgepäck (n)	бори дастй	[bori dasti:]
Kofferkuli (m)	аробаи боғочкашй	[arobai boʁotʃkaʃi:]
Landung (f)	фуруд	[furud]
Landebahn (f)	хати нишаст	[χati niʃast]
landen (vi)	нишастан	[niʃastan]
Fluggasttreppe (f)	зинапояи киштй	[zinapojai kiʃti:]
Check-in (n)	баҳайдгирй	[baqajdgiri:]
Check-in-Schalter (m)	ҳатори баҳайдгирй	[qatori baqajdgiri:]
sich registrieren lassen	ҳайд кунондан	[qajd kunondan]
Bordkarte (f)	талони саворшавй	[taloni savorʃavi:]
Abfluggate (n)	баромадан	[baromadan]
Transit (m)	транзит	[tranzit]

warten (vi)	поидан	[poidan]
Wartesaal (m)	толори интизорӣ	[tolori intizori:]
begleiten (vt)	гусел кардан	[gusel kardan]
sich verabschieden	падруд гуфтан	[padrud guftan]

24. Flugzeug

Flugzeug (n)	ҳавопаймо	[havopajmo]
Flugticket (n)	чиптаи ҳавопаймо	[ʧiptai havopajmo]
Fluggesellschaft (f)	ширкати ҳавопаймой	[ʃirkati havopajmoi:]
Flughafen (m)	аэропорт	[aɛroport]
Überschall-	фавқуссадо	[favqussado]

Flugkapitän (m)	фармондеҳи киштӣ	[farmondehi kiʃti:]
Besatzung (f)	экипаж	[ɛkipaʒ]
Pilot (m)	сарнишин	[sarniʃin]
Flugbegleiterin (f)	стюардесса	[stjuardessa]
Steuermann (m)	штурман	[ʃturman]

Flügel (pl)	қанот	[qanot]
Schwanz (m)	дум	[dum]
Kabine (f)	кабина	[kabina]
Motor (m)	муҳаррик	[muharrik]
Fahrgestell (n)	шассӣ	[ʃassi:]
Turbine (f)	турбина	[turbina]

Propeller (m)	пропеллер	[propeller]
Flugschreiber (m)	қуттии сиёҳ	[qutti:i sijoh]
Steuerrad (n)	суккон	[sukkon]
Treibstoff (m)	сӯзишворӣ	[sœziʃvori:]
Sicherheitskarte (f)	дастурамали беҳатарӣ	[dasturamali beχatari:]
Sauerstoffmaske (f)	ниқоби ҳавои тоза	[niqobi havoi toza]
Uniform (f)	либоси расмӣ	[libosi rasmi:]
Rettungsweste (f)	камзӯли наҷотдиҳанда	[kamzœli naʤotdihanda]
Fallschirm (m)	парашют	[paraʃjut]

Abflug, Start (m)	парвоз	[parvoz]
aufsteigen, starten (vi)	парвоз кардан	[parvoz kardan]
Startbahn (f)	хати парвоз	[χati parvoz]

Sicht (f)	софии ҳаво	[sofi:i havo]
Flug (m)	парвоз	[parvoz]
Höhe (f)	баландӣ	[balandi:]
Luftloch (n)	чоҳи ҳаво	[ʧohi havo]

Platz (m)	ҷой	[ʤoj]
Kopfhörer (m)	гӯшак, гӯшпӯшак	[gœʃak], [gœʃpœʃak]
Klapptisch (m)	мизчаи вошаванда	[mizʧai voʃavanda]
Bullauge (n)	иллюминатор	[illjuminator]
Durchgang (m)	гузаргоҳ	[guzargoh]

25. Zug

Zug (m)	поезд, қатор	[poezd], [qator]
elektrischer Zug (m)	қатораи барқӣ	[qatorai barqi:]
Schnellzug (m)	қатораи тезгард	[qatorai tezgard]
Diesellok (f)	тепловоз	[teplovoz]
Dampflok (f)	паровоз	[parovoz]
Personenwagen (m)	вагон	[vagon]
Speisewagen (m)	вагон-ресторан	[vagon-restoran]
Schienen (pl)	релсҳо	[relsho]
Eisenbahn (f)	роҳи оҳан	[rohi ohan]
Bahnschwelle (f)	шпала	[ʃpala]
Bahnsteig (m)	платформа	[platforma]
Gleis (n)	роҳ	[roh]
Eisenbahnsignal (n)	семафор	[semafor]
Station (f)	истгоҳ	[istgoh]
Lokomotivführer (m)	мошинист	[moʃinist]
Träger (m)	ҳаммол	[hammol]
Schaffner (m)	роҳбалад	[rohbalad]
Fahrgast (m)	мусофир	[musofir]
Fahrkartenkontrolleur (m)	нозир	[nozir]
Flur (m)	коридор	[koridor]
Notbremse (f)	стоп-кран	[stop-kran]
Abteil (n)	купе	[kupe]
Liegeplatz (m), Schlafkoje (f)	кат	[kat]
oberer Liegeplatz (m)	кати боло	[kati bolo]
unterer Liegeplatz (m)	кати поён	[kati pojon]
Bettwäsche (f)	чилдҳои болишту бистар	[dʒildhoi boliʃtu bistar]
Fahrkarte (f)	билет	[bilet]
Fahrplan (m)	ҷадвал	[dʒadval]
Anzeigetafel (f)	ҷадвал	[dʒadval]
abfahren (vi) (der Zug)	дур шудан	[dur ʃudan]
Abfahrt (f)	равон кардан	[ravon kardan]
ankommen (vi) (der Zug)	омадан	[omadan]
Ankunft (f)	омадан	[omadan]
mit dem Zug kommen	бо қатора омадан	[bo qatora omadan]
in den Zug einsteigen	ба қатора нишастан	[ba qatora niʃastan]
aus dem Zug aussteigen	фаромадан	[faromadan]
Zugunglück (n)	садама	[sadama]
entgleisen (vi)	аз релс баромадан	[az rels baromadan]

Dampflok (f)	паровоз	[parovoz]
Heizer (m)	алавмон	[alavmon]
Feuerbuchse (f)	оташдон	[otaʃdon]
Kohle (f)	ангишт	[angiʃt]

26. Schiff

| Schiff (n) | киштӣ | [kiʃti:] |
| Fahrzeug (n) | киштӣ | [kiʃti:] |

Dampfer (m)	пароход	[paroχod]
Motorschiff (n)	теплоход	[teploχod]
Kreuzfahrtschiff (n)	лайнер	[lajner]
Kreuzer (m)	крейсер	[krejser]

Jacht (f)	яхта	[jaχta]
Schlepper (m)	таноби ядак	[tanobi jadak]
Lastkahn (m)	баржа	[barʒa]
Fähre (f)	паром	[parom]

| Segelschiff (n) | киштии бодбондор | [kiʃti:i bodbondor] |
| Brigantine (f) | бригантина | [brigantina] |

| Eisbrecher (m) | киштии яхшикан | [kiʃti:i jaχʃikan] |
| U-Boot (n) | киштии зериобӣ | [kiʃti:i zeriobi:] |

Boot (n)	қаиқ	[qaiq]
Dingi (n), Beiboot (n)	қаиқ	[qaiq]
Rettungsboot (n)	завpaқи нaҷот	[zavraqi nadʒot]
Motorboot (n)	катер	[kater]

Kapitän (m)	капитан	[kapitan]
Matrose (m)	баҳрчӣ, маллоҳ	[bahrtʃi:], [malloh]
Seemann (m)	баҳрчӣ	[bahrtʃi:]
Besatzung (f)	экипаж	[ɛkipaʒ]

Bootsmann (m)	ботсман	[botsman]
Schiffsjunge (m)	маллоҳбача	[mallohbatʃa]
Schiffskoch (m)	кок, ошпази киштӣ	[kok], [oʃpazi kiʃti:]
Schiffsarzt (m)	духтури киштӣ	[duχturi kiʃti:]

Deck (n)	саҳни киштӣ	[sahni kiʃti:]
Mast (m)	сутуни киштӣ	[sutuni kiʃti:]
Segel (n)	бодбон	[bodbon]

Schiffsraum (m)	таҳхонаи киштӣ	[tahχonai kiʃti:]
Bug (m)	сари кишти	[sari kiʃti]
Heck (n)	думи киштӣ	[dumi kiʃti:]
Ruder (n)	бели завpaқ	[beli zavraq]
Schraube (f)	винт	[vint]

Kajüte (f)	каюта	[kajuta]
Messe (f)	кают-компания	[kajut-kompanija]
Maschinenraum (m)	шӯъбаи мошинхо	[ʃœ'bai moʃinho]
Kommandobrücke (f)	арша	[arʃa]
Funkraum (m)	радиохона	[radioχona]
Radiowelle (f)	мавҷ	[mavʤ]
Schiffstagebuch (n)	журнали киштӣ	[ʒurnali kiʃti:]

Fernrohr (n)	дурбин	[durbin]
Glocke (f)	нокус, зангӯла	[noqus], [zangœla]
Fahne (f)	байрак	[bajrak]

| Seil (n) | арғамчини ғафс | [arʁamtʃini ʁafs] |
| Knoten (m) | гирех | [gireh] |

| Geländer (n) | даста барои қапидан | [dasta baroi qapidan] |
| Treppe (f) | зинапоя | [zinapoja] |

Anker (m)	лангар	[langar]
den Anker lichten	лангар бардоштан	[langar bardoʃtan]
Anker werfen	лангар андохтан	[langar andoχtan]
Ankerkette (f)	занҷири лангар	[zanʤiri langar]

Hafen (m)	бандар	[bandar]
Anlegestelle (f)	ҷои киштибандӣ	[ʤoi kiʃtibandi:]
anlegen (vi)	ба соҳил овардан	[ba sohil ovardan]
abstoßen (vt)	ҳаракат кардан	[harakat kardan]

Reise (f)	саёхат	[sajohat]
Kreuzfahrt (f)	круиз	[kruiz]
Kurs (m), Richtung (f)	самт	[samt]
Reiseroute (f)	маршрут	[marʃrut]

Fahrwasser (n)	маъбар	[ma'bar]
Untiefe (f)	тунукоба	[tunukoba]
stranden (vi)	ба тунукоба шиштан	[ba tunukoba ʃiʃtan]

Sturm (m)	тӯфон, бӯрои	[tœfon], [bœroi]
Signal (n)	бонг, ишорат	[bong], [iʃorat]
untergehen (vi)	ғарк шудан	[ʁark ʃudan]
Mann über Bord!	Одам дар об!	[odam dar ob]
SOS	SOS	[sos]
Rettungsring (m)	чамбари наҷот	[tʃambari naʤot]

T&P BOOKS

STADT

T&P Books Publishing

Bus (m)	автобус	[avtobus]
Straßenbahn (f)	трамвай	[tramvaj]
Obus (m)	троллейбус	[trollejbus]
Linie (f)	маршрут	[marʃrut]
Nummer (f)	рақам	[raqam]

mit ... fahren	савор будан	[savor budan]
einsteigen (vi)	савор шудан	[savor ʃudan]
aussteigen (aus dem Bus)	фуромадан	[furomadan]

Haltestelle (f)	истгоҳ	[istgoh]
nächste Haltestelle (f)	истгоҳи дигар	[istgohi digar]
Endhaltestelle (f)	истгоҳи охирон	[istgohi oχiron]
Fahrplan (m)	ҷадвал	[dʒadval]
warten (vi, vt)	поидан	[poidan]

| Fahrkarte (f) | билет | [bilet] |
| Fahrpreis (m) | арзиши чипта | [arziʃi tʃipta] |

Kassierer (m)	кассир	[kassir]
Fahrkartenkontrolle (f)	назорат	[nazorat]
Fahrkartenkontrolleur (m)	нозир	[nozir]

sich verspäten	дер мондан	[der mondan]
versäumen (Zug usw.)	дер мондан	[der mondan]
sich beeilen	шитоб кардан	[ʃitob kardan]

Taxi (n)	такси	[taksi]
Taxifahrer (m)	таксичӣ	[taksitʃi:]
mit dem Taxi	дар такси	[dar taksi]
Taxistand (m)	истгоҳи таксӣ	[istgohi taksi:]
ein Taxi bestellen	даъват кардани таксӣ	[da'vat kardani taksi:]
ein Taxi nehmen	такси гирифтан	[taksi giriftan]

Straßenverkehr (m)	ҳаракат дар кӯча	[harakat dar kœtʃa]
Stau (m)	пробка	[probka]
Hauptverkehrszeit (f)	час пик	[tʃas pik]
parken (vi)	ҷой кардан	[dʒoj kardan]
parken (vt)	ҷой кардан	[dʒoj kardan]
Parkplatz (m)	истгоҳ	[istgoh]

U-Bahn (f)	метро	[metro]
Station (f)	истгоҳ	[istgoh]
mit der U-Bahn fahren	бо метро рафтан	[bo metro raftan]

| Zug (m) | поезд, қатор | [poezd], [qator] |
| Bahnhof (m) | вокзал | [vokzal] |

28. Stadt. Leben in der Stadt

Stadt (f)	шаҳр	[ʃahr]
Hauptstadt (f)	пойтахт	[pojtaxt]
Dorf (n)	деҳа, деҳ	[deha], [deh]

Stadtplan (m)	нақшаи шаҳр	[naqʃai ʃahr]
Stadtzentrum (n)	маркази шаҳр	[markazi ʃahr]
Vorort (m)	шаҳрча	[ʃahrʧa]
Vorort-	наздишаҳрӣ	[nazdiʃahri:]

Stadtrand (m)	атроф, канор	[atroʃ], [kanor]
Umgebung (f)	атрофи шаҳр	[atrofi ʃahr]
Stadtviertel (n)	квартал, маҳалла	[kvartal], [mahalla]
Wohnblock (m)	маҳаллаи истиқоматӣ	[mahallai istiqomati:]

Straßenverkehr (m)	ҳаракат дар кӯча	[harakat dar kœʧa]
Ampel (f)	чароги раҳнамо	[ʧaroʁi rahnamo]
Stadtverkehr (m)	нақлиёти шаҳрӣ	[naqlijoti ʃahri:]
Straßenkreuzung (f)	чорраҳа	[ʧorraha]

Übergang (m)	гузаргоҳи пиёдагардон	[guzargohi pijɔdagardon]
Fußgängerunterführung (f)	гузаргоҳи зеризаминӣ	[guzargohi zerizamini:]
überqueren (vt)	гузаштан	[guzaʃtan]
Fußgänger (m)	пиёдагард	[pijɔdagard]
Gehweg (m)	пиёдараҳа	[pijɔdaraha]

Brücke (f)	пул, кӯпрук	[pul], [kœpruk]
Kai (m)	соҳил	[sohil]
Springbrunnen (m)	фаввора	[favvora]

Allee (f)	кӯчабоғ	[kœʧaboʁ]
Park (m)	боғ	[boʁ]
Boulevard (m)	кӯчабоғ, гулгашт	[kœʧaboʁ], [gulgaʃt]
Platz (m)	майдон	[majdon]
Prospekt (m)	хиёбон	[xijɔbon]
Straße (f)	кӯча	[kœʧa]
Gasse (f)	тангкӯча	[tangkœʧa]
Sackgasse (f)	кӯчаи бумбаста	[kœʧai bumbasta]

Haus (n)	хона	[xona]
Gebäude (n)	бино	[bino]
Wolkenkratzer (m)	иморати осмонхарош	[imorati osmonxaroʃ]

Fassade (f)	намо	[namo]
Dach (n)	бом	[bom]
Fenster (n)	тиреза	[tireza]

Bogen (m)	равоқ, тоқ	[ravoq], [toq]
Säule (f)	сутун	[sutun]
Ecke (f)	бурчак	[burtʃak]

Schaufenster (n)	витрина	[vitrina]
Schild (n) (Aushänge-)	лавҳа	[lavha]
Anschlag (m)	эълоннома	[ɛ'lonnoma]
Werbeposter (m)	плакати реклама	[plakati reklama]
Werbeschild (n)	лавҳаи эълонҳо	[lavhai ɛ'lonho]

Müll (m)	ахлот, хокрӯба	[aχlot], [χokrœba]
Mülleimer (m)	ахлотқуттӣ	[aχlotqutti:]
Abfall wegwerfen	ифлос кардан	[iflos kardan]
Mülldeponie (f)	партовгоҳ	[partovgoh]

Telefonzelle (f)	будкаи телефон	[budkai telefon]
Straßenlaterne (f)	сутуни фонус	[sutuni fonus]
Bank (f) (Park-)	нимкат	[nimkat]

Polizist (m)	полис	[polis]
Polizei (f)	полис	[polis]
Bettler (m)	гадо	[gado]
Obdachlose (m)	бехона	[beχona]

29. Innerstädtische Einrichtungen

Laden (m)	магазин	[magazin]
Apotheke (f)	дорухона	[doruχona]
Optik (f)	оптика	[optika]
Einkaufszentrum (n)	маркази савдо	[markazi savdo]
Supermarkt (m)	супермаркет	[supermarket]

Bäckerei (f)	дӯкони нонфурӯшӣ	[dœkoni nonfurœʃi:]
Bäcker (m)	нонвой	[nonvoj]
Konditorei (f)	қаннодӣ	[qannodi:]
Lebensmittelladen (m)	дӯкони баққолӣ	[dœkoni baqqoli:]
Metzgerei (f)	дӯкони гӯштфурӯшӣ	[dœkoni gœʃtfurœʃi:]

Gemüseladen (m)	дӯкони сабзавот	[dœkoni sabzavot]
Markt (m)	бозор	[bozor]

Kaffeehaus (n)	қаҳвахона	[qahvaχona]
Restaurant (n)	тарабхона	[tarabχona]
Bierstube (f)	пивохона	[pivoχona]
Pizzeria (f)	питсерия	[pitserija]

Friseursalon (m)	сартарошхона	[sartaroʃχona]
Post (f)	пӯшта	[pœʃta]
chemische Reinigung (f)	козургарии химиявӣ	[kozurgari:i χimijavi:]
Fotostudio (n)	суратгирхона	[suratgirχona]

Schuhgeschäft (n)	магазини пойафзолфурӯшӣ	[magazini pojafzolfurœʃi:]
Buchhandlung (f)	мағозаи китоб	[maʁozai kitob]
Sportgeschäft (n)	мағозаи варзишӣ	[maʁozai varziʃi:]
Kleiderreparatur (f)	таъмири либос	[ta'miri libos]
Bekleidungsverleih (m)	кирояи либос	[kirojai libos]
Videothek (f)	кирояи филмхо	[kirojai filmho]
Zirkus (m)	сирк	[sirk]
Zoo (m)	боғи ҳайвонот	[boʁi hajvonot]
Kino (n)	кинотеатр	[kinoteatr]
Museum (n)	осорхона	[osorχona]
Bibliothek (f)	китобхона	[kitobχona]
Theater (n)	театр	[teatr]
Opernhaus (n)	опера	[opera]
Nachtklub (m)	клуби шабона	[klubi ʃabona]
Kasino (n)	казино	[kazino]
Moschee (f)	масҷид	[masʤid]
Synagoge (f)	каниса	[kanisa]
Kathedrale (f)	собор	[sobor]
Tempel (m)	ибодатгоҳ	[ibodatgoh]
Kirche (f)	калисо	[kaliso]
Institut (n)	институт	[institut]
Universität (f)	университет	[universitet]
Schule (f)	мактаб	[maktab]
Präfektur (f)	префектура	[prefektura]
Rathaus (n)	мэрия	[mɛrija]
Hotel (n)	меҳмонхона	[mehmonχona]
Bank (f)	банк	[bank]
Botschaft (f)	сафорат	[saforat]
Reisebüro (n)	турагенство	[turagenstvo]
Informationsbüro (n)	бюрои справкадиҳӣ	[bjuroi spravkadihi:]
Wechselstube (f)	нуқтаи мубодила	[nuqtai mubodila]
U-Bahn (f)	метро	[metro]
Krankenhaus (n)	касалхона	[kasalχona]
Tankstelle (f)	нуқтаи фурӯши сӯзишворӣ	[nuqtai furœʃi sœziʃvori:]
Parkplatz (m)	истгоҳи мошинҳо	[istgohi moʃinho]

30. Schilder

| Schild (n) | лавҳа | [lavha] |
| Aufschrift (f) | хат, навиштаҷот | [χat], [naviʃtaʤot] |

Plakat (n)	плакат	[plakat]
Wegweiser (m)	аломат, нишона	[alomat], [niʃona]
Pfeil (m)	аломати тир	[alomati tir]

Vorsicht (f)	огоҳӣ	[ogohi:]
Warnung (f)	огоҳӣ	[ogohi:]
warnen (vt)	танбеҳ додан	[tanbeh dodan]

freier Tag (m)	рӯзи истироҳат	[rœzi istirohat]
Plan (m)	ҷадвал	[dʒadval]
Öffnungszeiten (pl)	соати корӣ	[soati kori:]

| HERZLICH WILLKOMMEN! | ХУШ ОМАДЕД! | [xuʃ omaded] |

| EINGANG | ДАРОМАД | [daromad] |
| AUSGANG | БАРОМАД | [baromad] |

DRÜCKEN	АЗ ХУД	[az χud]
ZIEHEN	БА ХУД	[ba χud]
GEÖFFNET	КУШОДА	[kuʃoda]
GESCHLOSSEN	ПӮШИДА	[pœʃida]

| DAMEN, FRAUEN | БАРОИ ЗАНОН | [baroi zanon] |
| HERREN, MÄNNER | БАРОИ МАРДОН | [baroi mardon] |

AUSVERKAUF	ТАХФИФ	[taχfif]
REDUZIERT	АРЗОНФУРӮШӢ	[arzonfurœʃi:]
NEU!	МОЛИ НАВ!	[moli nav]
GRATIS	БЕПУЛ	[bepul]

ACHTUNG!	ДИҚҚАТ!	[diqqat]
ZIMMER BELEGT	ҶОЙ НЕСТ	[dʒoj nest]
RESERVIERT	БАНД АСТ	[band ast]

| VERWALTUNG | МАЪМУРИЯТ | [ma'murijat] |
| NUR FÜR PERSONAL | ФАҚАТ БАРОИ КОРМАНДОН | [faqat baroi kormandon] |

VORSICHT BISSIGER HUND	САГИ ГАЗАНДА	[sagi gazanda]
RAUCHEN VERBOTEN!	ТАМОКУ НАКАШЕД!	[tamoku nakaʃed]
BITTE NICHT BERÜHREN	ДАСТ НАРАСОНЕД!	[dast narasoned]

GEFÄHRLICH	ХАТАРНОК	[χatarnok]
VORSICHT!	ХАТАР	[χatar]
HOCHSPANNUNG	ШИДДАТИ БАЛАНД	[ʃiddati baland]
BADEN VERBOTEN	ОББОЗӢ КАРДАН МАНЪ АСТ	[obbozi: kardan man' ast]
AUßER BETRIEB	КОР НАМЕКУНАД	[kor namekunad]
LEICHTENTZÜNDLICH	ОТАШАНГЕЗ	[otaʃangez]
VERBOTEN	МАНЪ АСТ	[man' ast]

| DURCHGANG VERBOTEN | ДАРОМАД МАНЪ АСТ | [daromad man' ast] |
| FRISCH GESTRICHEN | РАНГ КАРДА ШУДААСТ | [rang karda ʃudaast] |

31. Shopping

kaufen (vt)	харидан	[χaridan]
Einkauf (m)	харид	[χarid]
einkaufen gehen	харид кардан	[χarid kardan]
Einkaufen (n)	шопинг	[ʃoping]
offen sein (Laden)	кушода будан	[kuʃoda budan]
zu sein	маҳкам будан	[mahkam budan]
Schuhe (pl)	пойафзол	[pojafzol]
Kleidung (f)	либос	[libos]
Kosmetik (f)	косметика	[kosmetika]
Lebensmittel (pl)	озуқаворӣ	[ozuqavori:]
Geschenk (n)	тӯхфа	[tœhfa]
Verkäufer (m)	фурӯш	[furœʃ]
Verkäuferin (f)	фурӯш	[furœʃ]
Kasse (f)	касса	[kassa]
Spiegel (m)	оина	[oina]
Ladentisch (m)	пешдӯкон	[peʃdœkon]
Umkleidekabine (f)	ҷои пӯшида дидани либос	[dʒoi pœʃida didani libos]
anprobieren (vt)	пӯшида дидан	[pœʃida didan]
passen (Schuhe, Kleid)	мувофиқ омадан	[muvofiq omadan]
gefallen (vi)	форидан	[foridan]
Preis (m)	нарх	[narχ]
Preisschild (n)	нархнома	[narχnoma]
kosten (vt)	арзидан	[arzidan]
Wie viel?	Чанд пул?	[tʃand pul]
Rabatt (m)	тахфиф	[taχfif]
preiswert	арзон	[arzon]
billig	арзон	[arzon]
teuer	қимат	[qimat]
Das ist teuer	Ин қимат аст	[in qimat ast]
Verleih (m)	кироя	[kiroja]
leihen, mieten (ein Auto usw.)	насия гирифтан	[nasija giriftan]
Kredit (m), Darlehen (n)	қарз	[qarz]
auf Kredit	кредит гирифтан	[kredit giriftan]

T&P BOOKS

KLEIDUNG & ACCESSOIRES

T&P Books Publishing

32. Oberbekleidung. Mäntel

Kleidung (f)	либос	[libos]
Oberkleidung (f)	либоси боло	[libosi bolo]
Winterkleidung (f)	либоси зимистонй	[libosi zimistoni:]
Mantel (m)	палто	[palto]
Pelzmantel (m)	пӯстин	[pœstin]
Pelzjacke (f)	нимпӯстин	[nimpœstin]
Daunenjacke (f)	пуховик	[puχovik]
Jacke (f) (z.B. Lederjacke)	куртка	[kurtka]
Regenmantel (m)	боронй	[boroni:]
wasserdicht	обногузар	[obnoguzar]

33. Herren- & Damenbekleidung

Hemd (n)	курта	[kurta]
Hose (f)	шим, шалвор	[ʃim], [ʃalvor]
Jeans (pl)	шими чинс	[ʃimi ʤins]
Jackett (n)	пичак	[piʤak]
Anzug (m)	костюм	[kostjum]
Damenkleid (n)	куртаи заннона	[kurtai zannona]
Rock (m)	юбка	[jubka]
Bluse (f)	блузка	[bluzka]
Strickjacke (f)	кофтаи бофта	[koftai bofta]
Jacke (f) (Damen Kostüm)	жакет	[ʒaket]
T-Shirt (n)	футболка	[futbolka]
Shorts (pl)	шортик	[ʃortik]
Sportanzug (m)	либоси варзишй	[libosi varziʃi:]
Bademantel (m)	халат	[χalat]
Schlafanzug (m)	пижама	[piʒama]
Sweater (m)	свитер	[sviter]
Pullover (m)	пуловер	[pulover]
Weste (f)	камзӯл	[kamzœl]
Frack (m)	фрак	[frak]
Smoking (m)	смокинг	[smoking]
Uniform (f)	либоси расмй	[libosi rasmi:]
Arbeitskleidung (f)	либоси корй	[libosi kori:]

| Overall (m) | комбинезон | [kombinezon] |
| Kittel (m) (z.B. Arztkittel) | халат | [χalat] |

34. Kleidung. Unterwäsche

Unterwäsche (f)	либоси таг	[libosi tag]
Herrenslip (m)	турсуки мардона	[tursuki mardona]
Damenslip (m)	турсуки занона	[tursuki zanona]
Unterhemd (n)	майка	[majka]
Socken (pl)	пайпоқ	[pajpoq]

Nachthemd (n)	куртаи хоб	[kurtai χob]
Büstenhalter (m)	синабанд	[sinaband]
Kniestrümpfe (pl)	чуроби кутох	[dʒurobi kutoh]
Strumpfhose (f)	колготка	[kolgotka]
Strümpfe (pl)	чуроби дароз	[tʃurobi daroz]
Badeanzug (m)	либоси оббозӣ	[libosi obbozi:]

35. Kopfbekleidung

Mütze (f)	кулох, телпак	[kuloh], [telpak]
Filzhut (m)	шляпаи моҳутӣ	[ʃljapai mohuti:]
Baseballkappe (f)	бейсболка	[bejsbolka]
Schiebermütze (f)	кепка	[kepka]

Baskenmütze (f)	берет	[beret]
Kapuze (f)	либоси кулоҳдор	[libosi kulohdor]
Panamahut (m)	панамка	[panamka]
Strickmütze (f)	шапкаи бофтагӣ	[ʃapkai boftagi:]

| Kopftuch (n) | рӯймол | [rœjmol] |
| Damenhut (m) | кулоҳча | [kulohtʃa] |

Schutzhelm (m)	тоскулох	[toskuloh]
Feldmütze (f)	пилотка	[pilotka]
Helm (m) (z.B. Motorradhelm)	хӯд	[χœd]

| Melone (f) | дегчакулох | [degtʃakuloχ] |
| Zylinder (m) | силиндр | [silindr] |

36. Schuhwerk

Schuhe (pl)	пойафзол	[pojafzol]
Stiefeletten (pl)	патинка	[patinka]
Halbschuhe (pl)	кафш, туфли	[kafʃ], [tufli]

Stiefel (pl)	мӯза	[mœza]
Hausschuhe (pl)	шиппак	[ʃippak]
Tennisschuhe (pl)	крассовка	[krassovka]
Leinenschuhe (pl)	кети	[keti:]
Sandalen (pl)	сандал	[sandal]
Schuster (m)	мӯзадӯз	[mœzadœz]
Absatz (m)	пошна	[poʃna]
Paar (n)	чуфт	[dʒuft]
Schnürsenkel (m)	бандак	[bandak]
schnüren (vt)	бандак гузарондан	[bandak guzarondan]
Schuhlöffel (m)	кафчаи кафшпӯшӣ	[kaftʃai kafʃpœʃi:]
Schuhcreme (f)	креми пойафзол	[kremi pojafzol]

37. Persönliche Accessoires

Handschuhe (pl)	дастпӯшак	[dastpœʃak]
Fausthandschuhe (pl)	дастпӯшаки бепанча	[dastpœʃaki bepandʒa]
Schal (m) (Kaschmir-)	гарданпеч	[gardanpetʃ]
Brille (f)	айнак	[ajnak]
Brillengestell (n)	чанбарак	[tʃanbarak]
Regenschirm (m)	соябон, чатр	[sojabon], [tʃatr]
Spazierstock (m)	чӯб	[tʃœb]
Haarbürste (f)	чӯткаи мӯйсар	[tʃœtkai mœjsar]
Fächer (m)	бодбезак	[bodbezak]
Krawatte (f)	галстук	[galstuk]
Fliege (f)	галстук-шапарак	[galstuk-ʃaparak]
Hosenträger (pl)	шалворбанди китфӣ	[ʃalvorbandi kitfi:]
Taschentuch (n)	дастрӯймол	[dastrœjmol]
Kamm (m)	шона	[ʃona]
Haarspange (f)	сарсӯзан, бандак	[sarsœzan], [bandak]
Haarnadel (f)	санчак	[sandʒak]
Schnalle (f)	сагаки тасма	[sagaki tasma]
Gürtel (m)	тасма	[tasma]
Umhängegurt (m)	тасма	[tasma]
Tasche (f)	сумка	[sumka]
Handtasche (f)	сумка	[sumka]
Rucksack (m)	борхалта	[borχalta]

38. Kleidung. Verschiedenes

Mode (f)	мод	[mod]
modisch	модшуда	[modʃuda]

Modedesigner (m)	тарҳсоз	[tarhsoz]
Kragen (m)	гиребон, ёқа	[girebon], [joqa]
Tasche (f)	киса	[kisa]
Taschen-	… и киса	[i kisa]
Ärmel (m)	остин	[ostin]
Aufhänger (m)	банди либос	[bandi libos]
Hosenschlitz (m)	чоки пеши шим	[ʧoki peʃi ʃim]
Reißverschluss (m)	занҷирак	[zanʤirak]
Verschluss (m)	гиреҳбанд	[girehband]
Knopf (m)	тугма	[tugma]
Knopfloch (n)	банди тугма	[bandi tugma]
abgehen (vi) (Knopf usw.)	канда шудан	[kanda ʃudan]
nähen (vi, vt)	дӯхтан	[dœχtan]
sticken (vt)	гулдӯзӣ кардан	[guldœzi: kardan]
Stickerei (f)	гулдӯзӣ	[guldœzi:]
Nadel (f)	сӯзани чокдӯзи	[sœzani ʧokdœzi]
Faden (m)	ресмон	[resmon]
Naht (f)	чок	[ʧok]
sich beschmutzen	олуда шудан	[oluda ʃudan]
Fleck (m)	доғ, лакка	[doʁ], [lakka]
sich knittern	ғиҷим шудан	[ʁiʤim ʃudan]
zerreißen (vt)	дарронидан	[darrondan]
Motte (f)	куя	[kuja]

39. Kosmetikartikel. Kosmetik

Zahnpasta (f)	хамираи дандон	[χamirai dandon]
Zahnbürste (f)	чӯткаи дандоншӯй	[ʧœtkai dandonʃœi:]
Zähne putzen	дандон шустан	[dandon ʃustan]
Rasierer (m)	ришгирак	[riʃgirak]
Rasiercreme (f)	креми ришгирӣ	[kremi riʃgiri:]
sich rasieren	риш гирифтан	[riʃ giriftan]
Seife (f)	собун	[sobun]
Shampoo (n)	шампун	[ʃampun]
Schere (f)	кайчӣ	[kajʧi:]
Nagelfeile (f)	тарошаи нохунҳо	[taroʃai noχunho]
Nagelzange (f)	анбӯрча барои нохунҳо	[anbœrʧa baroi noχunho]
Pinzette (f)	мӯйчинак	[mœjʧinak]
Kosmetik (f)	косметика	[kosmetika]
Gesichtsmaske (f)	ниқоби косметикӣ	[niqobi kosmetiki:]
Maniküre (f)	нохунорой	[noχunoroi:]
Maniküre machen	нохун оростан	[noχun orostan]
Pediküre (f)	ороиши нохунҳои пой	[oroiʃi noχunhoi poj]

Kosmetiktasche (f)	косметичка	[kosmetitʃka]
Puder (m)	сафеда	[safeda]
Puderdose (f)	қуттии упо	[qutti:i upo]
Rouge (n)	сурхӣ	[surχi:]

Duftwasser (n)	атр	[atr]
Lotion (f)	оби мушкин	[obi muʃkin]
Kölnischwasser (n)	атр	[atr]

Lidschatten (m)	тен барои пилкхои чашм	[ten baroi pilkhoi tʃaʃm]
Kajalstift (m)	қалами чашм	[qalami tʃaʃm]
Wimperntusche (f)	туш барои мижаҳо	[tuʃ baroi miʒaho]

Lippenstift (m)	лабсурхкунак	[labsurχkunak]
Nagellack (m)	лаки нохун	[laki noχun]
Haarlack (m)	лаки мӯйсар	[laki mœjsar]
Deodorant (n)	дезодорант	[dezodorant]

Creme (f)	крем, равғани рӯй	[krem], [ravʁani rœj]
Gesichtscreme (f)	креми рӯй	[kremi rœj]
Handcreme (f)	креми даст	[kremi dast]
Anti-Falten-Creme (f)	креми зиддиожанг	[kremi ziddioʒang]
Tagescreme (f)	креми рӯзона	[kremi rœzona]
Nachtcreme (f)	креми шабона	[kremi ʃabona]
Tages-	рӯзона, ~и рӯз	[rœzona], [~i rœz]
Nacht-	шабона, ... и шаб	[ʃabona], [i ʃab]

Tampon (m)	тампон	[tampon]
Toilettenpapier (n)	коғази хоҷатхона	[koʁazi χoʤatχona]
Föhn (m)	мӯхушккунак	[mœχuʃkkunak]

40. Armbanduhren Uhren

Armbanduhr (f)	соати дастӣ	[soati dasti:]
Zifferblatt (n)	лавҳаи соат	[lavhai soat]
Zeiger (m)	акрабак	[akrabak]
Metallarmband (n)	дастпона	[dastpona]
Uhrenarmband (n)	банди соат	[bandi soat]

Batterie (f)	батареяча, батарейка	[batarajatʃa], [batarajkɑ]
verbraucht coin	холӣ шудааст	[χoli: ʃudaast]
die Batterie wechseln	иваз кардани батаре	[ivaz kardani batare]
vorgehen (vi)	пеш меравад	[peʃ meravad]
nachgehen (vi)	ақиб мондан	[aqib mondan]
Wanduhr (f)	соати деворӣ	[soati devori:]
Sanduhr (f)	соати регӣ	[soati regi:]
Sonnenuhr (f)	соати офтобӣ	[soati oftobi:]
Wecker (m)	соати рӯимизии зангдор	[soati rœimizi:i zangdor]

| Uhrmacher (m) | соатсоз | [soatsoz] |
| reparieren (vt) | **таъмир кардан** | [ta'mir kardan] |

ALLTAGSERFAHRUNG

T&P Books Publishing

41. Geld

Geld (n)	пул	[pul]
Austausch (m)	мубодила, иваз	[mubodila], [ivaz]
Kurs (m)	курб	[qurb]
Geldautomat (m)	банкомат	[bankomat]
Münze (f)	танга	[tanga]

Dollar (m)	доллар	[dollar]
Lira (f)	лираи италиявӣ	[lirai italijavi:]
Mark (f)	маркаи олмонӣ	[markai olmoni:]
Franken (m)	франк	[frank]
Pfund Sterling (n)	фунт стерлинг	[funt sterling]
Yen (m)	иена	[iena]

Schuld (f)	қарз	[qarz]
Schuldner (m)	қарздор	[qarzdor]
leihen (vt)	қарз додан	[qarz dodan]
leihen, borgen (Geld usw.)	қарз гирифтан	[qarz giriftan]

Bank (f)	банк	[bank]
Konto (n)	ҳисоб	[hisob]
einzahlen (vt)	гузарондан	[guzarondan]
auf ein Konto einzahlen	ба суратҳисоб гузарондан	[ba surathisob guzarondan]
abheben (vt)	аз суратҳисоб гирифтан	[az surathisob giriftan]

Kreditkarte (f)	корти кредитӣ	[korti krediti:]
Bargeld (n)	пули нақд, нақдина	[puli naqd], [naqdina]
Scheck (m)	чек	[tʃek]
einen Scheck schreiben	чек навиштан	[tʃek naviʃtan]
Scheckbuch (n)	дафтарчаи чек	[daftartʃai tʃek]

Geldtasche (f)	ҳамён	[hamjɔn]
Geldbeutel (m)	ҳамён	[hamjɔn]
Safe (m)	сейф	[sejf]

Erbe (m)	меросхӯр	[merosχœr]
Erbschaft (f)	мерос	[meros]
Vermögen (n)	дорой	[doroi:]

Pacht (f)	иҷора	[idʒora]
Miete (f)	ҳаққи манзил	[haqqi manzil]
mieten (vt)	ба иҷора гирифтан	[ba idʒora giriftan]
Preis (m)	нарх	[narχ]

| Kosten (pl) | арзиш | [arziʃ] |
| Summe (f) | маблағ | [mablaʁ] |

ausgeben (vt)	сарф кардан	[sarf kardan]
Ausgaben (pl)	харҷ, ҳазина	[xardʒ], [hazina]
sparen (vt)	сарфа кардан	[sarfa kardan]
sparsam	сарфакор	[sarfakor]

zahlen (vt)	пул додан	[pul dodan]
Lohn (m)	пардохт	[pardoxt]
Wechselgeld (n)	бақияи пул	[baqijai pul]

Steuer (f)	налог, андоз	[nalog], [andoz]
Geldstrafe (f)	ҷарима	[dʒarima]
bestrafen (vt)	ҷарима андохтан	[dʒarima andoxtan]

42. Post. Postdienst

Post (f) (Postamt)	почта	[potʃta]
Post (f) (Postsendungen)	почта	[potʃta]
Briefträger (m)	хаткашон	[xatkaʃon]
Öffnungszeiten (pl)	соати корӣ	[soati kori:]

Brief (m)	мактуб	[maktub]
Einschreibebrief (m)	хати супориш	[xati suporiʃi:]
Postkarte (f)	руқъа	[ruq'a]
Telegramm (n)	барқия	[barqija]
Postpaket (n)	равонак	[ravonak]
Geldanweisung (f)	пули фиристодашуда	[puli firistodaʃuda]

bekommen (vt)	гирифтан	[giriftan]
abschicken (vt)	ирсол кардан	[irsol kardan]
Absendung (f)	ирсол	[irsol]
Postanschrift (f)	адрес, унвон	[adres], [unvon]
Postleitzahl (f)	индекси почта	[indeksi potʃta]
Absender (m)	ирсолкунанда	[irsolkunanda]
Empfänger (m)	гиранда	[giranda]

| Vorname (m) | ном | [nom] |
| Nachname (m) | фамилия | [familija] |

Tarif (m)	таърифа	[ta'rifa]
Standard- (Tarif)	муқаррарӣ	[muqarrari:]
Spar- (-tarif)	камхарҷ	[kamxardʒ]

Gewicht (n)	вазн	[vazn]
abwiegen (vt)	баркашидан	[barkaʃidan]
Briefumschlag (m)	конверт	[konvert]
Briefmarke (f)	марка	[marka]
Briefmarke aufkleben	марка часпонидан	[marka tʃasponidan]

43. Bankgeschäft

Bank (f)	банк	[bank]
Filiale (f)	шӯъба	[ʃœ'ba]
Berater (m)	мушовир	[muʃovir]
Leiter (m)	идоракунанда	[idorakunanda]
Konto (n)	ҳисоб	[hisob]
Kontonummer (f)	рақами суратҳисоб	[raqami surathisob]
Kontokorrent (n)	ҳисоби ҷорй	[hisobi dʒori:]
Sparkonto (n)	суратҳисоби ҷамъшаванда	[surathisobi dʒam'ʃavanda]
ein Konto eröffnen	суратҳисоб кушодан	[surathisob kuʃodan]
das Konto schließen	бастани суратҳисоб	[bastani surathisob]
einzahlen (vt)	ба суратҳисоб гузарондан	[ba surathisob guzarondan]
abheben (vt)	аз суратҳисоб гирифтан	[az surathisob giriftan]
Einzahlung (f)	амонат	[amonat]
eine Einzahlung machen	маблағ гузоштан	[mablaʁ guzoʃtan]
Überweisung (f)	интиқоли маблағ	[intiqoli mablaʁ]
überweisen (vt)	интиқол додан	[intiqol dodan]
Summe (f)	маблағ	[mablaʁ]
Wieviel?	Чй қадар?	[tʃi: qadar]
Unterschrift (f)	имзо	[imzo]
unterschreiben (vt)	имзо кардан	[imzo kardan]
Kreditkarte (f)	корти кредитй	[korti krediti:]
Code (m)	рамз, код	[ramz], [kod]
Kreditkartennummer (f)	рақами корти кредитй	[raqami korti krediti:]
Geldautomat (m)	банкомат	[bankomat]
Scheck (m)	чек	[tʃek]
einen Scheck schreiben	чек навиштан	[tʃek naviʃtan]
Scheckbuch (n)	дафтарчаи чек	[daftartʃai tʃek]
Darlehen (m)	қарз	[qarz]
ein Darlehen beantragen	барои кредит муроҷиат кардан	[baroi kredit murodʒiat kardan]
ein Darlehen aufnehmen	кредит гирифтан	[kredit giriftan]
ein Darlehen geben	кредит додан	[kredit dodan]
Pfand (m, n)	кафолат, замонат	[kafolat], [zamonat]

44. Telefon. Telefongespräche

Telefon (n)	телефон	[telefon]
Mobiltelefon (n)	телефони мобилй	[telefoni mobili:]
Anrufbeantworter (m)	худчавобгӯ	[χudʤavobgœ]
anrufen (vt)	телефон кардан	[telefon kardan]
Anruf (m)	занг	[zang]
eine Nummer wählen	гирифтани рақамхо	[giriftani raqamho]
Hallo!	алло, ҳа	[allo], [ha]
fragen (vt)	пурсидан	[pursidan]
antworten (vi)	чавоб додан	[dʒavob dodan]
hören (vt)	шунидан	[ʃunidan]
gut (~ aussehen)	хуб, наӷз	[χub], [naʁz]
schlecht (Adv)	бад	[bad]
Störungen (pl)	садохои бегона	[sadohoi begona]
Hörer (m)	гӯшак	[gi:ʃak]
den Hörer abnehmen	бардоштани гӯшак	[bardoʃtani gœʃak]
auflegen (den Hörer ~)	мондани гӯшак	[mondani gœʃak]
besetzt	банд	[band]
läuten (vi)	занг задан	[zang zadan]
Telefonbuch (n)	китоби телефон	[kitobi telefon]
Orts-	маҳаллй	[mahalli:]
Ortsgespräch (n)	занги маҳаллй	[zangi mahalli:]
Auslands-	байналхалқй	[bajnalχalqi:]
Fern-	байнишахрй	[bajniʃahri:]
Ferngespräch (n)	занги байнишахрй	[zangi bajniʃahri:]

45. Mobiltelefon

Mobiltelefon (n)	телефони мобилй	[telefoni mobili:]
Display (n)	дисплей	[displej]
Knopf (m)	тугмача	[tugmatʃa]
SIM-Karte (f)	сим-корт	[sim-kort]
Batterie (f)	батарея	[batareja]
leer sein (Batterie)	бе заряд шудан	[be zarjad ʃudan]
Ladegerät (n)	асбоби барқпуркунанда	[asbobi barqpurkunanda]
Menü (n)	меню	[menju]
Einstellungen (pl)	соз кардан	[soz kardan]
Melodie (f)	оҳанг	[ohang]
auswählen (vt)	интихоб кардан	[intiχob kardan]
Rechner (m)	ҳисобкунак	[hisobkunak]

Anrufbeantworter (m)	худчавобгӯ	[χuʤavobgœ]
Wecker (m)	соати рӯимизии зангдор	[soati rœimizi:i zangdor]
Kontakte (pl)	китоби телефон	[kitobi telefon]
SMS-Nachricht (f)	СМС-хабар	[sms-χabar]
Teilnehmer (m)	муштарй	[muʃtari:]

46. Bürobedarf

Kugelschreiber (m)	ручкаи саққочадор	[rutʃkai saqqotʃador]
Federhalter (m)	парқалам	[parqalam]
Bleistift (m)	қалам	[qalam]
Faserschreiber (m)	маркер	[marker]
Filzstift (m)	фломастер	[flomaster]
Notizblock (m)	блокнот, дафтари ёддошт	[bloknot], [daftari jòddoʃt]
Terminkalender (m)	рӯзнома	[rœznoma]
Lineal (n)	чадвал	[ʤadval]
Rechner (m)	ҳисобкунак	[hisobkunak]
Radiergummi (m)	ластик	[lastik]
Reißzwecke (f)	кнопка	[knopka]
Heftklammer (f)	скрепка	[skrepka]
Klebstoff (m)	елим, шилм	[elim], [ʃilm]
Hefter (m)	степлер	[stepler]
Bleistiftspitzer (m)	чарх	[tʃarχ]

47. Fremdsprachen

Sprache (f)	забон	[zabon]
Fremd-	хоричй	[χoriʤi:]
Fremdsprache (f)	забони хоричй	[zaboni χoriʤi:]
studieren (z.B. Jura ~)	омӯхтан	[omœχtan]
lernen (Englisch ~)	омӯхтан	[omœχtan]
losen (vi, vt)	хондан	[χondan]
sprechen (vi, vt)	гап задан	[gap zadan]
verstehen (vt)	фаҳмидан	[fahmidan]
schreiben (vi, vt)	навиштан	[naviʃtan]
schnell (Adv)	босуръат	[bosur'at]
langsam (Adv)	оҳиста	[ohista]
fließend (Adv)	озодона	[ozodona]
Regeln (pl)	қоидаҳо	[qoidaho]

Grammatik (f)	грамматика	[grammatika]
Vokabular (n)	лексика	[leksika]
Phonetik (f)	савтиёт	[savtijɔt]

Lehrbuch (n)	китоби дарсӣ	[kitobi darsi:]
Wörterbuch (n)	луғат	[luʁat]
Selbstlernbuch (n)	худомӯз	[xudomœz]
Sprachführer (m)	сӯхбатнома	[sœhbatnoma]

Kassette (f)	кассета	[kasseta]
Videokassette (f)	видеокассета	[videokasseta]
CD (f)	CD, диски компактӣ	[ɔɛ], [diski kompakti:]
DVD (f)	DVD-диск	[ɛøɛ-disk]

Alphabet (n)	алифбо	[alifbo]
buchstabieren (vt)	ҳарфакӣ гап задан	[harfaki: gap zadan]
Aussprache (f)	талаффуз	[talaffuz]

Akzent (m)	зада, аксент	[zada], [aksent]
mit Akzent	бо аксент	[bo aksent]
ohne Akzent	бе аксент	[be aksent]

| Wort (n) | калима | [kalima] |
| Bedeutung (f) | маънӣ, маъно | [ma'ni:], [ma'no] |

Kurse (pl)	курсхо, дарсхо	[kursho], [darsho]
sich einschreiben	дохил шудан	[doχil ʃudan]
Lehrer (m)	муаллим	[muallim]

Übertragung (f)	тарҷума	[tardʒuma]
Übersetzung (f)	тарҷума	[tardʒuma]
Übersetzer (m)	тарҷумон	[tardʒumon]
Dolmetscher (m)	тарҷумон	[tardʒumon]

| Polyglott (m, f) | забондон | [zabondon] |
| Gedächtnis (n) | ҳофиза | [hofiza] |

MAHLZEITEN. RESTAURANT

T&P Books Publishing

48. Gedeck

Löffel (m)	қошуқ	[qoʃuq]
Messer (n)	корд	[kord]
Gabel (f)	чангча, чангол	[tʃangtʃa], [tʃangol]
Tasse (f) (eine ~ Tee)	косача	[kosatʃa]
Teller (m)	тақсимча	[taqsimtʃa]
Untertasse (f)	тақсимӣ, тақсимича	[taqsimi:], [taqsimitʃa]
Serviette (f)	салфетка	[salfetka]
Zahnstocher (m)	дандонковак	[dandonkovak]

49. Restaurant

Restaurant (n)	тарабхона	[tarabχona]
Kaffeehaus (n)	қаҳвахона	[qahvaχona]
Bar (f)	бар	[bar]
Teesalon (m)	чойхона	[tʃojχona]
Kellner (m)	пешхизмат	[peʃχizmat]
Kellnerin (f)	пешхизмат	[peʃχizmat]
Barmixer (m)	бармен	[barmen]
Speisekarte (f)	меню	[menju]
Weinkarte (f)	рӯйхати шаробҳо	[rœjχati ʃarobho]
einen Tisch reservieren	банд кардани миз	[band kardani miz]
Gericht (n)	таом	[taom]
bestellen (vt)	супориш додан	[suporiʃ dodan]
eine Bestellung aufgeben	фармоиш додан	[farmoiʃ dodan]
Aperitif (m)	аперитив	[aperitiv]
Vorspeise (f)	хӯриш, газак	[χœriʃ], [gazak]
Nachtisch (m)	десерт	[desert]
Rechnung (f)	ҳисоб	[hisob]
Rechnung bezahlen	пардохт кардан	[pardoχt kardan]
das Wechselgeld geben	бақия додан	[baqija dodan]
Trinkgeld (n)	чойпулӣ	[tʃojpuli:]

50. Mahlzeiten

Essen (n)	хӯрок, таом	[χœrok], [taom]
essen (vi, vt)	хӯрдан	[χœrdan]

Frühstück (n)	ноништа	[noniʃta]
frühstücken (vi)	ноништа кардан	[noniʃta kardan]
Mittagessen (n)	хӯроки пешин	[χœroki peʃin]
zu Mittag essen	хӯроки пешин хӯрдан	[χœroki peʃin χœrdan]
Abendessen (n)	шом	[ʃom]
zu Abend essen	хӯроки шом хӯрдан	[χœroki ʃom χœrdan]

| Appetit (m) | иштихо | [iʃtiho] |
| Guten Appetit! | ош шавад! | [oʃ ʃavad] |

öffnen (vt)	кушодан	[kuʃodan]
verschütten (vt)	резондан	[rezondan]
verschüttet werden	рехтан	[reχtan]

kochen (vi)	чӯшидан	[dʒœʃidan]
kochen (vt)	чӯшондан	[dʒœʃondan]
gekocht (Adj)	чӯшомада	[dʒœʃomada]
kühlen (vt)	хунук кардан	[χunuk kardan]
abkühlen (vi)	хунук шудан	[χunuk ʃudan]

| Geschmack (m) | маза, таъм | [maza], [ta'm] |
| Beigeschmack (m) | таъм | [ta'm] |

auf Diät sein	хароб шудан	[χarob ʃudan]
Diät (f)	диета	[dieta]
Vitamin (n)	витамин	[vitamin]
Kalorie (f)	калория	[kalorija]
Vegetarier (m)	гӯштнахӯранда	[gœʃtnaχœranda]
vegetarisch (Adj)	бегӯшт	[begœʃt]

Fett (n)	равган	[ravʁan]
Protein (n)	сафедахо	[safedaho]
Kohlenhydrat (n)	карбогидратхо	[karbogidratho]

Scheibchen (n)	тилим, порча	[tilim], [portʃa]
Stück (n) (ein ~ Kuchen)	порча	[portʃa]
Krümel (m)	резгӣ	[rezgi:]

51. Gerichte

Gericht (n)	таом	[taom]
Küche (f)	таомхо	[taomho]
Rezept (n)	ретсепт	[retsept]
Portion (f)	навола	[navola]

| Salat (m) | салат | [salat] |
| Suppe (f) | шӯрбо | [ʃœrbo] |

| Brühe (f), Bouillon (f) | булён | [buljɔn] |
| belegtes Brot (n) | бутерброд | [buterbrod] |

Spiegelei (n)	тухмбирён	[tuχmbirjɔn]
Hamburger (m)	гамбургер	[gamburger]
Beefsteak (n)	бифштекс	[bifʃteks]

Beilage (f)	хӯриши таом	[χœriʃi taom]
Spaghetti (pl)	спагеттй	[spagetti:]
Kartoffelpüree (n)	пюре	[pjure]
Pizza (f)	питса	[pitsa]
Brei (m)	шӯла	[ʃœla]
Omelett (n)	омлет, тухмбирён	[omlet], [tuχmbirjɔn]

gekocht	чӯшондашуда	[dʒœʃondaʃuda]
geräuchert	дудхӯрда	[dudχœrda]
gebraten	бирён	[birjɔn]
getrocknet	хушк	[χuʃk]
tiefgekühlt	яхкарда	[jaχkarda]
mariniert	дар сирко хобондашуда	[dar sirko χobondaʃuda]

süß	ширин	[ʃirin]
salzig	шӯр	[ʃœr]
kalt	хунук	[χunuk]
heiß	гарм	[garm]
bitter	талх	[talχ]
lecker	бомаза	[bomaza]

kochen (vt)	пухтан, чӯшондан	[puχtan], [dʒœʃondan]
zubereiten (vt)	пухтан	[puχtan]
braten (vt)	бирён кардан	[birjɔn kardan]
aufwärmen (vt)	гарм кардан	[garm kardan]

salzen (vt)	намак андохтан	[namak andoχtan]
pfeffern (vt)	қаламфур андохтан	[qalamfur andoχtan]
reiben (vt)	тарошидан	[taroʃidan]
Schale (f)	пӯст	[pœst]
schälen (vt)	пӯст кандан	[pœst kandan]

52. Essen

Fleisch (n)	гӯшт	[gœʃt]
Hühnerfleisch (n)	мурғ	[murʁ]
Küken (n)	чӯча	[tʃœdʒa]
Ente (f)	мурғобй	[murʁobi:]
Gans (f)	қоз, ғоз	[qoz], [ʁoz]
Wild (n)	сайди шикор	[sajdi ʃikor]
Pute (f)	мурғи марчон	[murʁi mardʒon]

Schweinefleisch (n)	гӯшти хук	[gœʃti χuk]
Kalbfleisch (n)	гӯшти гӯсола	[gœʃti gœsola]
Hammelfleisch (n)	гӯшти гӯсфанд	[gœʃti gœsfand]

| Rindfleisch (n) | гӯшти гов | [gœʃti gov] |
| Kaninchenfleisch (n) | харгӯш | [χargœʃ] |

Wurst (f)	ҳасиб	[hasib]
Würstchen (n)	ҳасибча	[hasibtʃa]
Schinkenspeck (m)	бекон	[bekon]
Schinken (m)	ветчина	[vettʃina]
Räucherschinken (m)	рон	[ron]

Pastete (f)	паштет	[paʃtet]
Leber (f)	ҷигар	[dʒigar]
Hackfleisch (n)	гӯшти кӯфта	[gœʃti kœfta]
Zunge (f)	забон	[zabon]

Ei (n)	тухм	[tuχm]
Eier (pl)	тухм	[tuχm]
Eiweiß (n)	сафедии тухм	[safedi:i tuχm]
Eigelb (n)	зардии тухм	[zardi:i tuχm]

Fisch (m)	моҳӣ	[mohi:]
Meeresfrüchte (pl)	маҳсулоти баҳрӣ	[mahsuloti bahri:]
Krebstiere (pl)	буғумпойҳо	[buʁumpojho]
Kaviar (m)	тухми моҳӣ	[tuχmi mohi:]

Krabbe (f)	харчанг	[χartʃang]
Garnele (f)	креветка	[krevetka]
Auster (f)	садафак	[sadafak]
Languste (f)	лангуст	[langust]
Krake (m)	ҳаштпо	[haʃtpo]
Kalmar (m)	калмар	[kalmar]

Störfleisch (n)	гӯшти тосмоҳӣ	[gœʃti tosmohi:]
Lachs (m)	озодмоҳӣ	[ozodmohi:]
Heilbutt (m)	палтус	[paltus]

Dorsch (m)	равғанмоҳӣ	[ravʁanmohi:]
Makrele (f)	зағӯтамоҳӣ	[zaʁœtamohi:]
Tunfisch (m)	самак	[samak]
Aal (m)	мормоҳӣ	[mormohi:]

Forelle (f)	гулмоҳӣ	[gulmohi:]
Sardine (f)	саморис	[samoris]
Hecht (m)	шӯртан	[ʃœrtan]
Hering (m)	шӯрмоҳӣ	[ʃœrmohi:]

Brot (n)	нон	[non]
Käse (m)	панир	[panir]
Zucker (m)	шакар	[ʃakar]
Salz (n)	намак	[namak]

| Reis (m) | биринҷ | [birindʒ] |
| Teigwaren (pl) | макарон | [makaron] |

Nudeln (pl)	угро	[ugro]
Butter (f)	равғани маска	[ravʁani maska]
Pflanzenöl (n)	равғани пок	[ravʁani pok]
Sonnenblumenöl (n)	равғани офтобпараст	[ravʁani oftobparast]
Margarine (f)	маргарин	[margarin]

| Oliven (pl) | зайтун | [zajtun] |
| Olivenöl (n) | равғани зайтун | [ravʁani zajtun] |

Milch (f)	шир	[ʃir]
Kondensmilch (f)	ширқиём	[ʃirqijɔm]
Joghurt (m)	йогурт	[jɔgurt]
saure Sahne (f)	қаймок	[qajmok]
Sahne (f)	қаймоқ	[qajmoq]

| Mayonnaise (f) | майонез | [majɔnez] |
| Buttercreme (f) | крем | [krem] |

Grütze (f)	ярма	[jarma]
Mehl (n)	орд	[ord]
Konserven (pl)	консерв	[konserv]

Haferflocken (pl)	бадроқи чуворимакка	[badroqi dʒuvorimakka]
Honig (m)	асал	[asal]
Marmelade (f)	чем	[dʒem]
Kaugummi (m, n)	сақич, илқ	[saqitʃ], [ilq]

53. Getränke

Wasser (n)	об	[ob]
Trinkwasser (n)	оби нӯшиданӣ	[obi nœʃidani:]
Mineralwasser (n)	оби минералӣ	[obi minerali:]

still	бе газ	[be gaz]
mit Kohlensäure	газнок	[gaznok]
mit Gas	газдор	[gazdor]
Eis (n)	ях	[jaχ]
mit Eis	бо ях, яхдор	[bo jaχ], [jaχdor]

alkoholfrei (Adj)	беалкогол	[bealkogol]
alkoholfreies Getränk (n)	нӯшокии беалкогол	[nœʃoki:i boalkogol]
Erfrischungsgetränk (n)	нушокии хунук	[nœʃoki:i χunuk]
Limonade (f)	лимонад	[limonad]

Spirituosen (pl)	нӯшокиҳои спиртӣ	[nœʃokihoi spirti:]
Wein (m)	шароб, май	[ʃarob], [maj]
Weißwein (m)	маи ангури сафед	[mai anguri safed]
Rotwein (m)	маи арғувонӣ	[mai arʁuvoni:]
Likör (m)	ликёр	[likjɔr]
Champagner (m)	шампан	[ʃampan]

Wermut (m)	вермут	[vermut]
Whisky (m)	виски	[viski]
Wodka (m)	арақ, водка	[araq], [vodka]
Gin (m)	чин	[dʒin]
Kognak (m)	коняк	[konjak]
Rum (m)	ром	[rom]

Kaffee (m)	қаҳва	[qahva]
schwarzer Kaffee (m)	қаҳваи сиёҳ	[qahvai sijɔh]
Milchkaffee (m)	ширқаҳва	[ʃirqahva]
Cappuccino (m)	капучино	[kaputʃino]
Pulverkaffee (m)	қаҳваи кӯфта	[qahvai kœfta]

Milch (f)	шир	[ʃir]
Cocktail (m)	коктейл	[koktejl]
Milchcocktail (m)	коктейли ширй	[koktejli ʃiri:]

Saft (m)	шарбат	[ʃarbat]
Tomatensaft (m)	шираи помидор	[ʃirai pomidor]
Orangensaft (m)	афшураи афлесун	[afʃurai aflesun]
frisch gepresster Saft (m)	афшураи тоза тайёршуда	[afʃurai toza tajjorʃuda]

Bier (n)	пиво	[pivo]
Helles (n)	оби чави шафоф	[obi dʒavi ʃafof]
Dunkelbier (n)	оби чави торик	[obi dʒavi torik]

Tee (m)	чой	[tʃoj]
schwarzer Tee (m)	чойи сиёҳ	[tʃoji sijɔh]
grüner Tee (m)	чои кабуд	[tʃoi kabud]

54. Gemüse

| Gemüse (n) | сабзавот | [sabzavot] |
| grünes Gemüse (pl) | сабзавот | [sabzavot] |

Tomate (f)	помидор	[pomidor]
Gurke (f)	бодиринг	[bodiring]
Karotte (f)	сабзй	[sabzi:]
Kartoffel (f)	картошка	[kartoʃka]
Zwiebel (f)	пиёз	[pijɔz]
Knoblauch (m)	сир	[sir]

Kohl (m)	карам	[karam]
Blumenkohl (m)	гулкарам	[gulkaram]
Rosenkohl (m)	карами бруcселй	[karami brusseli:]
Brokkoli (m)	карами брокколй	[karami brokkoli:]

| Zuckerrübe (f) | лаблабу | [lablabu] |
| Aubergine (f) | бодинчон | [bodindʒon] |

Zucchini (f)	таррак	[tarrak]
Kürbis (m)	каду	[kadu]
Rübe (f)	шалғам	[ʃalʁam]

Petersilie (f)	чаъфарй	[dʒaˈfari:]
Dill (m)	шибит	[ʃibit]
Kopf Salat (m)	коҳу	[kohu]
Sellerie (m)	карафс	[karafs]
Spargel (m)	морчӯба	[mortʃœba]
Spinat (m)	испаноқ	[ispanoq]

Erbse (f)	нахӯд	[naχœd]
Bohnen (pl)	лӯбиё	[lœbijɔ]
Mais (m)	чуворимакка	[dʒuvorimakka]
weiße Bohne (f)	лӯбиё	[lœbijɔ]

Paprika (m)	қаламфур	[qalamfur]
Radieschen (n)	шалгамча	[ʃalʁamtʃa]
Artischocke (f)	анганор	[anganor]

55. Obst. Nüsse

Frucht (f)	мева	[meva]
Apfel (m)	себ	[seb]
Birne (f)	мурӯд, нок	[murœd], [nok]
Zitrone (f)	лиму	[limu]
Apfelsine (f)	афлесун, пӯртахол	[aflesun], [pœrtaχol]
Erdbeere (f)	қулфинай	[qulfinaj]

Mandarine (f)	норанг	[norang]
Pflaume (f)	олу	[olu]
Pfirsich (m)	шафтолу	[ʃaftolu]
Aprikose (f)	дарахти зардолу	[daraχti zardolu]
Himbeere (f)	тамашк	[tamaʃk]
Ananas (f)	ананас	[ananas]

Banane (f)	банан	[banan]
Wassermelone (f)	тарбуз	[tarbuz]
Weintrauben (pl)	ангур	[angur]
Sauerkirsche (f)	олуболу	[olubolu]
Herzkirsche (f)	гелос	[gɵlɔs]

Grapefruit (f)	норинч	[norindʒ]
Avocado (f)	авокадо	[avokado]
Papaya (f)	папайя	[papajja]
Mango (f)	анбаҳ	[anbah]
Granatapfel (m)	анор	[anor]
rote Johannisbeere (f)	коти сурх	[koti surχ]
schwarze Johannisbeere (f)	қоти сиёҳ	[qoti sijɔh]

Stachelbeere (f)	бектошй	[bektoʃi:]
Heidelbeere (f)	черника	[tʃernika]
Brombeere (f)	марминҷон	[marmindʒon]

Rosinen (pl)	мавиз	[maviz]
Feige (f)	анҷир	[andʒir]
Dattel (f)	хурмо	[χurmo]

Erdnuss (f)	финдуки заминӣ	[finduki zamini:]
Mandel (f)	бодом	[bodom]
Walnuss (f)	чормағз	[tʃormaʁz]
Haselnuss (f)	финдиқ	[findiq]
Kokosnuss (f)	норгил	[norgil]
Pistazien (pl)	писта	[pista]

56. Brot. Süßigkeiten

Konditorwaren (pl)	маҳсулоти қанноди	[mahsuloti qannodi]
Brot (n)	нон	[non]
Keks (m, n)	кулчақанд	[kultʃaqand]

Schokolade (f)	шоколад	[ʃokolad]
Schokoladen-	... и шоколад,	[i ʃokolad],
	шоколадӣ	[ʃokoladi:]
Bonbon (m, n)	конфет	[konfet]
Törtchen (n)	пирожни	[piroʒni]
Torte (f)	торт	[tort]

| Kuchen (m) (Apfel-) | пирог | [pirog] |
| Füllung (f) | пур кардани, андохтани | [pur kardani], [andoχtani] |

Konfitüre (f)	мураббо	[murabbo]
Marmelade (f)	мармалод	[marmalod]
Waffeln (pl)	вафлӣ	[vafli:]
Eis (n)	яхмос	[jaχmos]
Pudding (m)	пудинг	[puding]

57. Gewürze

Salz (n)	намак	[namak]
salzig (Adj)	шӯр	[ʃœr]
salzen (vt)	намак андохтан	[namak andoχtan]

schwarzer Pfeffer (m)	мурчи сиёҳ	[murtʃi sijɔh]
roter Pfeffer (m)	мурчи сурх	[murtʃi surχ]
Senf (m)	хардал	[χardal]
Meerrettich (m)	қаҳзак	[qahzak]
Gewürz (n)	хӯриш	[χœriʃ]

Würze (f)	дорувор	[doruvor]
Soße (f)	қайла	[qajla]
Essig (m)	сирко	[sirko]

Anis (m)	тухми бодиён	[tuχmi bodijɔn]
Basilikum (n)	нозбӯй, райҳон	[nozbœj], [rajhon]
Nelke (f)	қаланфури гардан	[qalanfuri gardan]
Ingwer (m)	занҷабил	[zandʒabil]
Koriander (m)	кашниҷ	[kaʃnidʒ]
Zimt (m)	дорчин, долчин	[dortʃin], [doltʃin]

Sesam (m)	кунҷид	[kundʒid]
Lorbeerblatt (n)	барги ғор	[bargi ʁor]
Paprika (m)	қаламфур	[qalamfur]
Kümmel (m)	зира	[zira]
Safran (m)	заъфарон	[za'faron]

T&P BOOKS

PERSÖNLICHE
INFORMATIONEN. FAMILIE

T&P Books Publishing

58. Persönliche Informationen. Formulare

Vorname (m)	ном	[nom]
Name (m)	фамилия	[familija]
Geburtsdatum (n)	рӯзи таваллуд	[rœzi tavallud]
Geburtsort (m)	ҷойи таваллуд	[dʒoji tavallud]

Nationalität (f)	миллият	[millijat]
Wohnort (m)	ҷои истиқомат	[dʒoi istiqomat]
Staat (m)	кишвар	[kiʃvar]
Beruf (m)	касб	[kasb]

Geschlecht (n)	ҷинс	[dʒins]
Größe (f)	қад	[qad]
Gewicht (n)	вазн	[vazn]

59. Familienmitglieder. Verwandte

Mutter (f)	модар	[modar]
Vater (m)	падар	[padar]
Sohn (m)	писар	[pisar]
Tochter (f)	духтар	[duχtar]

jüngste Tochter (f)	духтари хурдӣ	[duχtari χurdi:]
jüngste Sohn (m)	писари хурдӣ	[pisari χurdi:]
ältere Tochter (f)	духтари калонӣ	[duχtari kaloni:]
älterer Sohn (m)	писари калонӣ	[pisari kaloni:]

Bruder (m)	бародар	[barodar]
älterer Bruder (m)	ака	[aka]
jüngerer Bruder (m)	додар	[dodar]
Schwester (f)	хоҳар	[χohar]
ältere Schwester (f)	апа	[apa]
jüngere Schwester (f)	хоҳари хурд	[χohari χurd]

Cousin (m)	амакписар (ама-, тағо-, хола-)	[amakpisar] ([ama], [taʁo], [χola])
Cousine (f)	амакдухтар (ама-, тағо-, хола-)	[amakduχtar] ([ama], [taʁo], [χola])

Mutter (f)	модар, оча	[modar], [otʃa]
Papa (m)	дада	[dada]
Eltern (pl)	волидайн	[volidajn]
Kind (n)	кӯдак	[kœdak]

Kinder (pl)	бачагон, кӯдакон	[batʃagon], [kœdakon]
Großmutter (f)	модаркалон, онакалон	[modarkalon], [onakalon]
Großvater (m)	бобо	[bobo]
Enkel (m)	набера	[nabera]
Enkelin (f)	набера	[nabera]
Enkelkinder (pl)	набераҳо	[naberaho]

Onkel (m)	таѓо, амак	[taʁo], [amak]
Tante (f)	хола, амма	[χola], [amma]
Neffe (m)	ҷиян	[dʒijan]
Nichte (f)	ҷиян	[dʒijan]

Schwiegermutter (f)	модарарӯс	[modararœs]
Schwiegervater (m)	падаршӯй	[padarʃœj]
Schwiegersohn (m)	почо, язна	[potʃo], [jazna]
Stiefmutter (f)	модарандар	[modarandar]
Stiefvater (m)	падарандар	[padarandar]

Säugling (m)	бачаи ширмак	[batʃai ʃirmak]
Kleinkind (n)	кӯдаки ширмак	[kœdaki ʃirmak]
Kleine (m)	писарча, кӯдак	[pisartʃa], [kœdak]

Frau (f)	зан	[zan]
Mann (m)	шавҳар, шӯй	[ʃavhar], [ʃœj]
Ehemann (m)	завҷ	[zavdʒ]
Ehefrau (f)	завҷа	[zavdʒa]

verheiratet (Ehemann)	зандор	[zandor]
verheiratet (Ehefrau)	шавҳардор	[ʃavhardor]
ledig	безан	[bezan]
Junggeselle (m)	безан	[bezan]
geschieden (Adj)	ҷудошудагӣ	[dʒudoʃudagi:]
Witwe (f)	бева, бевазан	[beva], [bevazan]
Witwer (m)	бева, занмурда	[beva], [zanmurda]

Verwandte (m)	хеш	[χeʃ]
naher Verwandter (m)	хеши наздик	[χeʃi nazdik]
entfernter Verwandter (m)	хеши дур	[χeʃi dur]
Verwandte (pl)	хешу табор	[χeʃu tabor]

Waisenjunge (m)	ятимбача	[jatimbatʃa]
Waisenmädchen (f)	ятимдухтар	[jatimduχtar]
Vormund (m)	васӣ	[vasi:]
adoptieren (einen Jungen)	писар хондан	[pisar χondan]
adoptieren (ein Mädchen)	духтархонд кардан	[duχtarχond kardan]

60. Freunde. Arbeitskollegen

| Freund (m) | дӯст, чӯра | [dœst], [dʒœra] |
| Freundin (f) | дугона | [dugona] |

Freundschaft (f)	дӯстӣ, чӯрагӣ	[dœsti:], [dʒœragi:]
befreundet sein	дӯстӣ кардан	[dœsti: kardan]
Freund (m)	дуст, рафик	[dust], [rafik]
Freundin (f)	шинос	[ʃinos]
Partner (m)	шарик	[ʃarik]
Chef (m)	сардор	[sardor]
Vorgesetzte (m)	сардор	[sardor]
Besitzer (m)	соҳиб	[sohib]
Untergeordnete (m)	зердаст	[zerdast]
Kollege (m), Kollegin (f)	ҳамкор	[hamkor]
Bekannte (m)	шинос, ошно	[ʃinos], [oʃno]
Reisegefährte (m)	ҳамроҳ	[hamroh]
Mitschüler (m)	ҳамсинф	[hamsinf]
Nachbar (m)	ҳамсоя	[hamsoja]
Nachbarin (f)	ҳамсоязан	[hamsojazan]
Nachbarn (pl)	ҳамсояҳо	[hamsojaho]

MENSCHLICHER KÖRPER. MEDIZIN

T&P Books Publishing

Kopf (m)	сар	[sar]
Gesicht (n)	рӯй	[rœj]
Nase (f)	бинӣ	[bini:]
Mund (m)	даҳон	[dahon]

Auge (n)	чашм, дида	[ʧaʃm], [dida]
Augen (pl)	чашмон	[ʧaʃmon]
Pupille (f)	гавҳараки чашм	[gavharaki ʧaʃm]
Augenbraue (f)	абрӯ, қош	[abrœ], [qoʃ]
Wimper (f)	мижа	[miʒa]
Augenlid (n)	пилкҳои чашм	[pilkhoi ʧaʃm]

Zunge (f)	забон	[zabon]
Zahn (m)	дандон	[dandon]
Lippen (pl)	лабҳо	[labho]
Backenknochen (pl)	устухони рухсора	[ustuχoni ruχsora]
Zahnfleisch (n)	зираи дандон	[zirai dandon]
Gaumen (m)	ком	[kom]

Nasenlöcher (pl)	сурохии бинӣ	[suroχi:i bini:]
Kinn (n)	манаҳ	[manah]
Kiefer (m)	ҷоғ	[ʤoʁ]
Wange (f)	рухсор	[ruχsor]

Stirn (f)	пешона	[peʃona]
Schläfe (f)	чакка	[ʧakka]
Ohr (n)	гӯш	[gœʃ]
Nacken (m)	пушти сар	[puʃti sar]
Hals (m)	гардан	[gardan]
Kehle (f)	гулӯ	[gulœ]

Haare (pl)	мӯйи сар	[mœji sar]
Frisur (f)	ороиши мӯйсар	[oroiʃi mœjsar]
Haarschnitt (m)	ороиши мӯйсар	[oroiʃi mœjsar]
Perücke (f)	мӯи ориятӣ	[mœi orijati:]

Schnurrbart (m)	муйлаб, бурут	[mujlab], [burut]
Bart (m)	риш	[riʃ]
haben (einen Bart ~)	мондан, доштан	[mondan], [doʃtan]
Zopf (m)	кокул	[kokul]
Backenbart (m)	риши бари рӯй	[riʃi bari rœj]

rothaarig	сурхмуй	[surχmuj]
grau	сафед	[safed]

| kahl | одамсар | [odamsar] |
| Glatze (f) | тосии сар | [tosi:i sar] |

| Pferdeschwanz (m) | думча | [dumtʃa] |
| Pony (Ponyfrisur) | пича | [pitʃa] |

62. Menschlicher Körper

| Hand (f) | панчаи даст | [pandʒai dast] |
| Arm (m) | даст | [dast] |

Finger (m)	ангушт	[anguʃt]
Zehe (f)	чилик, ангушт	[tʃilik], [anguʃt]
Daumen (m)	нарангушт	[naranguʃt]
kleiner Finger (m)	ангушти хурд	[anguʃti χurd]
Nagel (m)	нохун	[noχun]

Faust (f)	кулак, мушт	[kulak], [muʃt]
Handfläche (f)	каф	[kaf]
Handgelenk (n)	банди даст	[bandi dast]
Unterarm (m)	бозу	[bozu]
Ellbogen (m)	оринч	[orindʒ]
Schulter (f)	китф	[kitʃ]

Bein (n)	по	[po]
Fuß (m)	панчаи пой	[pandʒai poj]
Knie (n)	зону	[zonu]
Wade (f)	соқи по	[soqi po]

| Hüfte (f) | миён | [mijɔn] |
| Ferse (f) | пошна | [poʃna] |

Körper (m)	бадан	[badan]
Bauch (m)	шикам	[ʃikam]
Brust (f)	сина	[sina]
Busen (m)	сина, пистон	[sina], [piston]
Seite (f), Flanke (f)	пахлу	[pahlu]
Rücken (m)	пушт	[puʃt]

| Kreuz (n) | камаргох | [kamargoh] |
| Taille (f) | миён | [mijɔn] |

Nabel (m)	ноф	[nof]
Gesäße (pl)	сурин	[surin]
Hinterteil (n)	сурин	[surin]

Leberfleck (m)	хол	[χol]
Muttermal (n)	хол	[χol]
Tätowierung (f)	вашм	[vaʃm]
Narbe (f)	доғи захм	[doʁi zaχm]

63. Krankheiten

Krankheit (f)	касалӣ, беморӣ	[kasali:], [bemori:]
krank sein	бемор будан	[bemor budan]
Gesundheit (f)	тандурустӣ, саломатӣ	[tandurusti:], [salomati:]
Schnupfen (m)	зуком	[zukom]
Angina (f)	дарди гулӯ	[dardi gulœ]
Erkältung (f)	шамол хӯрдани	[ʃamol χœrdani]
sich erkälten	шамол хӯрдан	[ʃamol χœrdan]
Bronchitis (f)	бронхит	[bronχit]
Lungenentzündung (f)	варами шуш	[varami ʃuʃ]
Grippe (f)	грипп	[gripp]
kurzsichtig	наздикбин	[nazdikbin]
weitsichtig	дурбин	[durbin]
Schielen (n)	олусӣ	[olusi:]
schielend (Adj)	олус	[olus]
grauer Star (m)	катаракта	[katarakta]
Glaukom (n)	глаукома	[glaukoma]
Schlaganfall (m)	сактаи майна	[saktai majna]
Infarkt (m)	инфаркт, сактаи дил	[infarkt], [saktai dil]
Herzinfarkt (m)	инфаркти миокард	[infarkti miokard]
Lähmung (f)	фалач	[faladʒ]
lähmen (vt)	фалач шудан	[faladʒ ʃudan]
Allergie (f)	аллергия	[allergija]
Asthma (n)	астма, зиққи нафас	[astma], [ziqqi nafas]
Diabetes (m)	диабет	[diabet]
Zahnschmerz (m)	дарди дандон	[dardi dandon]
Karies (f)	кариес	[karies]
Durchfall (m)	шикамрав	[ʃikamrav]
Verstopfung (f)	қабзият	[qabzijat]
Magenverstimmung (f)	вайроншавии меъда	[vajronʃavi:i me'da]
Vergiftung (f)	заҳролудшавӣ	[zahroludʃavi:]
sich vergiften	заҳролуд шудан	[zahrolud ʃudan]
Arthritis (f)	артрит	[artrit]
Rachitis (f)	рахит, чиллаашӯр	[raχit], [tʃillaaʃœr]
Rheumatismus (m)	тарбод	[tarbod]
Atherosklerose (f)	атеросклероз	[ateroskleroz]
Gastritis (f)	гастрит	[gastrit]
Blinddarmentzündung (f)	варами кӯррӯда	[varami kœrrœda]
Cholezystitis (f)	холетсистит	[χoletsistit]
Geschwür (n)	захм	[zaχm]
Masern (pl)	сурхча, сурхак	[surχtʃa], [surχak]

Röteln (pl)	сурхакон	[surχakon]
Gelbsucht (f)	зардча, заъфарма	[zardʧa], [za'farma]
Hepatitis (f)	гепатит, қубод	[gepatit], [qubod]

Schizophrenie (f)	маҷзубият	[madʒzubijat]
Tollwut (f)	ҳорӣ	[hori:]
Neurose (f)	невроз, чунун	[nevroz], [ʧunun]
Gehirnerschütterung (f)	зарб хӯрдани майна	[zarb χœrdani majna]

Krebs (m)	саратон	[saraton]
Sklerose (f)	склероз	[skleroz]
multiple Sklerose (f)	склерози густаришёфта	[sklerozi gustariʃʃɔfta]

Alkoholismus (m)	майзадагӣ	[majzadagi:]
Alkoholiker (m)	майзада	[majzada]
Syphilis (f)	оташак	[otaʃak]
AIDS	СПИД	[spid]

Tumor (m)	варам	[varam]
bösartig	ганда	[ganda]
gutartig	безарар	[bezarar]

Fieber (n)	табларза, варача	[tablarza], [varadʒa]
Malaria (f)	варача	[varadʒa]
Gangrän (f, n)	гангрена	[gangrena]
Seekrankheit (f)	касалии баҳр	[kasali:i bahr]
Epilepsie (f)	саръ	[sar']

Epidemie (f)	эпидемия	[ɛpidemija]
Typhus (m)	арақа, домана	[araqa], [domana]
Tuberkulose (f)	сил	[sil]
Cholera (f)	вабо	[vabo]
Pest (f)	тоун	[toun]

64. Symptome. Behandlungen. Teil 1

Symptom (n)	аломат	[alomat]
Temperatur (f)	ҳарорат, таб	[harorat], [tab]
Fieber (n)	ҳарорати баланд	[harorati baland]
Puls (m)	набз	[nabz]

Schwindel (m)	саргардӣ	[sargardi:]
heiß (Stirne usw.)	гарм	[garm]
Schüttelfrost (m)	ларза, варача	[larza], [varadʒa]
blass (z.B. -es Gesicht)	рангпарида	[rangparida]

Husten (m)	сулфа	[sulfa]
husten (vi)	сулфидан	[sulfidan]
niesen (vi)	атса задан	[atsa zadan]
Ohnmacht (f)	беҳушӣ	[behuʃi:]

ohnmächtig werden	беҳуш шудан	[behuʃ ʃudan]
blauer Fleck (m)	доғи кабуд, кабудй	[doʁi kabud], [kabudi:]
Beule (f)	ғуррй	[ʁurri:]
sich stoßen	зада шудан	[zada ʃudan]
Prellung (f)	лат	[lat]
sich stoßen	лату кӯб хӯрдан	[latu kœb χœrdan]

hinken (vi)	лангидан	[langidan]
Verrenkung (f)	баромадан	[baromadan]
ausrenken (vt)	баровардан	[barovardan]
Fraktur (f)	шикасти устухон	[ʃikasti ustuχon]
brechen (Arm usw.)	устухон шикастан	[ustuχon ʃikastan]

Schnittwunde (f)	буриш	[buriʃ]
sich schneiden	буридан	[buridan]
Blutung (f)	хунравй	[χunravi:]

| Verbrennung (f) | сӯхта | [sœχta] |
| sich verbrennen | сӯзондан | [sœzondan] |

stechen (vt)	халондан	[χalondan]
sich stechen	халидан	[χalidan]
verletzen (vt)	осеб дидан	[oseb didan]
Verletzung (f)	захм	[zaχm]
Wunde (f)	захм, реш	[zaχm], [reʃ]
Trauma (n)	захм	[zaχm]

irrereden (vi)	алой гуфтан	[aloi: guftan]
stottern (vi)	тутила шудан	[tutila ʃudan]
Sonnenstich (m)	офтобзанй	[oftobzani:]

65. Symptome. Behandlungen. Teil 2

| Schmerz (m) | дард | [dard] |
| Splitter (m) | хор, зиреба | [χor], [zireba] |

Schweiß (m)	арақ	[araq]
schwitzen (vi)	арақ кардан	[araq kardan]
Erbrechen (n)	қайкунй	[qajkuni:]
Krämpfe (pl)	рагкашй	[ragkaʃi:]

schwangere	ҳомила	[homila]
geboren sein	таваллуд шудан	[tavallud ʃudan]
Geburt (f)	зоиш	[zoiʃ]
gebären (vt)	зоидан	[zoidan]
Abtreibung (f)	аборт, бачапартой	[abort], [batʃapartoi:]

Atemzug (m)	нафасгирй	[nafasgiri:]
Ausatmung (f)	нафасбарорй	[nafasbarori:]
ausatmen (vt)	нафас баровардаи	[nafas barovardai]

einatmen (vt)	нафас кашидан	[nafas kaʃidan]
Invalide (m)	инвалид	[invalid]
Krüppel (m)	маъюб	[ma'jub]
Drogenabhängiger (m)	нашъаманд	[naʃ'amand]

taub	кар, гӯшкар	[kar], [gœʃkar]
stumm	гунг	[gung]
taubstumm	кару гунг	[karu gung]

verrückt (Adj)	девона	[devona]
Irre (m)	девона	[devona]
Irre (f)	девона	[devona]
den Verstand verlieren	аз ақл бегона шудан	[az aql begona ʃudan]

Gen (n)	ген	[gen]
Immunität (f)	сироятнопазирй	[sirojatnopaziri:]
erblich	меросй, ирсй	[merosi:], [irsi:]
angeboren	модарзод	[modarzod]

Virus (m, n)	вирус	[virus]
Mikrobe (f)	микроб	[mikrob]
Bakterie (f)	бактерия	[bakterija]
Infektion (f)	сироят	[sirojat]

66. Symptome. Behandlungen. Teil 3

| Krankenhaus (n) | касалхона | [kasalχona] |
| Patient (m) | бемор | [bemor] |

Diagnose (f)	ташхиси касалй	[taʃχisi kasali:]
Heilung (f)	муолича	[muolidʒa]
Behandlung (f)	табобат	[tabobat]
Behandlung bekommen	табобат гирифтан	[tabobat giriftan]
pflegen (vt)	табобат кардан	[tabobat kardan]
pflegen (Kranke)	нигохубин кардан	[nigohubin kardan]
Pflege (f)	нигохубин	[nigohubin]

Operation (f)	чаррохи	[dʒarrohi]
verbinden (vt)	бо бандина бастан	[bo bandina bastan]
Verband (m)	чарохатбандй	[dʒarohatbandi:]

Impfung (f)	доругузаронй	[doruguzaroni:]
impfen (vt)	эмгузаронй кардан	[ɛmguzaroni: kardan]
Spritze (f)	сӯзанзанй	[sœzanzani:]
eine Spritze geben	сӯзандору кардан	[sœzandoru kardan]

Anfall (m)	хуруч	[χurudʒ]
Amputation (f)	ампутатсия	[amputatsija]
amputieren (vt)	ампутатсия кардан	[amputatsija kardan]
Koma (n)	кома, игмо	[koma], [igmo]

| im Koma liegen | дар кома будан | [dar koma budan] |
| Reanimation (f) | шӯъбаи эҳё | [ʃœ'bai ɛhjɔ] |

genesen von … (vi)	сиҳат шудан	[sihat ʃudan]
Zustand (m)	аҳвол	[ahvol]
Bewusstsein (n)	ҳуш	[huʃ]
Gedächtnis (n)	ҳофиза	[hofiza]

ziehen (einen Zahn ~)	кандан	[kandan]
Plombe (f)	пломба	[plomba]
plombieren (vt)	пломба занондан	[plomba zanondan]

| Hypnose (f) | гипноз | [gipnoz] |
| hypnotisieren (vt) | гипноз кардан | [gipnoz kardan] |

67. Medizin. Medikamente. Accessoires

Arznei (f)	дору	[doru]
Heilmittel (n)	дору	[doru]
verschreiben (vt)	таъйин кардан	[ta'jin kardan]
Rezept (n)	нусхаи даво	[nusχai davo]

Tablette (f)	ҳаб	[hab]
Salbe (f)	марҳам	[marham]
Ampulle (f)	ампул	[ampul]
Mixtur (f)	доруи обакӣ	[dorui obaki:]
Sirup (m)	сироп	[sirop]
Pille (f)	ҳаб	[hab]
Pulver (n)	хока	[χoka]

Verband (m)	дока	[doka]
Watte (f)	пахта	[paχta]
Jod (n)	йод	[jɔd]

Pflaster (n)	лейкопластир	[lejkoplastir]
Pipette (f)	қатрачакон	[qatratʃakon]
Thermometer (n)	ҳароратсанҷ	[haroratsandʒ]
Spritze (f)	обдуздак	[obduzdak]

| Rollstuhl (m) | аробачаи маъюбӣ | [arobatʃai ma'jubi:] |
| Krücken (pl) | бағаласо | [baʁalaso] |

Betäubungsmittel (n)	доруи дард	[dorui dard]
Abführmittel (n)	мусҳил	[mushil]
Spiritus (m)	спирт	[spirt]
Heilkraut (n)	растаниҳои доругӣ	[rastanihoi dorugi:]
Kräuter- (z.B. Kräutertee)	… и алаф	[i alaf]

WOHNUNG

T&P BOOKS

T&P Books Publishing

68. Wohnung

Wohnung (f)	манзил	[manzil]
Zimmer (n)	хона, ӯтоқ	[χona], [œtoq]
Schlafzimmer (n)	хонаи хоб	[χonai χob]
Esszimmer (n)	хонаи хӯрокхӯрӣ	[χonai χœrokχœri:]
Wohnzimmer (n)	меҳмонхона	[mehmonχona]
Arbeitszimmer (n)	утоқ	[utoq]
Vorzimmer (n)	мадхал, даҳлез	[madχal], [dahlez]
Badezimmer (n)	ваннахона	[vannaχona]
Toilette (f)	ҳоҷатхона	[hoʤatχona]
Decke (f)	шифт	[ʃift]
Fußboden (m)	фарш	[farʃ]
Ecke (f)	кунҷ	[kunʤ]

69. Möbel. Innenausstattung

Möbel (n)	мебел	[mebel]
Tisch (m)	миз	[miz]
Stuhl (m)	курсӣ	[kursi:]
Bett (n)	кат	[kat]
Sofa (n)	диван	[divan]
Sessel (m)	курсӣ	[kursi:]
Bücherschrank (m)	чевони китобмонӣ	[ʤevoni kitobmoni:]
Regal (n)	раф, рафча	[raf], [raftʃa]
Schrank (m)	чевони либос	[ʤevoni libos]
Hakenleiste (f)	либосовезак	[libosovezak]
Kleiderständer (m)	либосовезак	[libosovezak]
Kommode (f)	чевон	[ʤevon]
Couchtisch (m)	мизи қаҳва	[mizi qɑhva]
Spiegel (m)	оина	[oina]
Teppich (m)	гилем, қолин	[gilem], [qolin]
Matte (kleiner Teppich)	гилемча	[gilemtʃa]
Kamin (m)	оташдон	[otaʃdon]
Kerze (f)	шамъ	[ʃam']
Kerzenleuchter (m)	шамъдон	[ʃam'don]
Vorhänge (pl)	парда	[parda]

| Tapete (f) | зардеворй | [zardevori:] |
| Jalousie (f) | жалюзи | [ʒaljuzi] |

Tischlampe (f)	чароғи мизӣ	[tʃaroʁi mizi:]
Leuchte (f)	чароғак	[tʃaroʁak]
Stehlampe (f)	торшер	[torʃer]
Kronleuchter (m)	қандил	[qandil]

Bein (n) (Tischbein usw.)	поя	[poja]
Armlehne (f)	оринҷмонаки курсӣ	[orindʒmonaki kursi:]
Lehne (f)	пуштаки курсӣ	[puʃtaki kursi:]
Schublade (f)	ғаладон	[ʁaladon]

70. Bettwäsche

Bettwäsche (f)	чилдҳои болишту бистар	[dʒildhoi boliʃtu bistar]
Kissen (n)	болишт	[boliʃt]
Kissenbezug (m)	чилди болишт	[dʒildi boliʃt]
Bettdecke (f)	кӯрпа	[kœrpa]
Laken (n)	чойпӯш	[dʒojpœʃ]
Tagesdecke (f)	болопӯш	[bolopœʃ]

71. Küche

Küche (f)	ошхона	[oʃχona]
Gas (n)	газ	[gaz]
Gasherd (m)	плитаи газ	[plitai gaz]
Elektroherd (m)	плитаи электрикй	[plitai ɛlektriki:]
Mikrowellenherd (m)	микроволновка	[mikrovolnovka]

Kühlschrank (m)	яхдон	[jaχdon]
Tiefkühltruhe (f)	яхдон	[jaχdon]
Geschirrspülmaschine (f)	мошини зарфшӯй	[moʃini zarfʃœj]

Fleischwolf (m)	мошини гӯшткӯбӣ	[moʃini gœʃtkœbi:]
Saftpresse (f)	шарбатафшурак	[ʃarbatafʃurak]
Toaster (m)	тостер	[toster]
Mixer (m)	миксер	[mikser]

Kaffeemaschine (f)	қаҳвачӯшонак	[qahvadʒœʃonak]
Kaffeekanne (f)	зарфи қаҳвачӯшонӣ	[zarfi qahvadʒœʃoni:]
Kaffeemühle (f)	дастоси қаҳва	[dastosi qahva]

Wasserkessel (m)	чойник	[tʃojnik]
Teekanne (f)	чойник	[tʃojnik]
Deckel (m)	сарпӯш	[sarpœʃ]
Teesieb (n)	ғалберча	[ʁalbertʃa]

Löffel (m)	қошуқ	[qoʃuq]
Teelöffel (m)	чойкошук	[ʧojkoʃuk]
Esslöffel (m)	қошуқи ошхӯрӣ	[qoʃuqi oʃχœri:]
Gabel (f)	чангча, чангол	[ʧangʧa], [ʧangol]
Messer (n)	корд	[kord]

Geschirr (n)	табақ	[tabaq]
Teller (m)	тақсимча	[taqsimʧa]
Untertasse (f)	тақсимй, тақсимича	[taqsimi:], [taqsimiʧa]

Weinglas (n)	рюмка	[rjumka]
Glas (n)	стакан	[stakan]
Tasse (f)	косача	[kosatʃa]

Zuckerdose (f)	шакардон	[ʃakardon]
Salzstreuer (m)	намакдон	[namakdon]
Pfefferstreuer (m)	қаламфурдон	[qalamfurdon]
Butterdose (f)	равғандон	[ravʁandon]

Kochtopf (m)	дегча	[degtʃa]
Pfanne (f)	тоба	[toba]
Schöpflöffel (m)	кафлез, обгардон, сархумй	[kaflez], [obgardon], [sarχumi:]
Tablett (n)	лаълй	[la'li:]

Flasche (f)	шиша, сурохй	[ʃiʃa], [surohi:]
Einmachglas (n)	банкаи шишагй	[bankai ʃiʃagi:]
Dose (f)	банкаи тунукагй	[bankai tunukagi:]

Flaschenöffner (m)	саркушояк	[sarkuʃojak]
Dosenöffner (m)	саркушояк	[sarkuʃojak]
Korkenzieher (m)	пӯккашак	[pœkkaʃak]
Filter (n)	филтр	[filtr]
filtern (vt)	полоидан	[poloidan]

| Müll (m) | ахлот | [aχlot] |
| Mülleimer, Treteimer (m) | сатили ахлот | [satili aχlot] |

72. Bad

Badezimmer (n)	ваннахона	[vannaχona]
Wasser (n)	об	[ob]
Wasserhahn (m)	чуммак, мил	[ʤummak], [mil]
Warmwasser (n)	оби гарм	[obi garm]
Kaltwasser (n)	оби сард	[obi sard]

Zahnpasta (f)	хамираи дандон	[χamirai dandon]
Zähne putzen	дандон шустан	[dandon ʃustan]
Zahnbürste (f)	чӯткаи дандоншӯй	[ʧœtkai dandonʃœi:]
sich rasieren	риш гирифтан	[riʃ giriftan]

| Rasierschaum (m) | кафки ришгирй | [kafki riʃgiri:] |
| Rasierer (m) | ришгирак | [riʃgirak] |

waschen (vt)	шустан	[ʃustan]
sich waschen	шустушӯ кардан	[ʃustuʃœ kardan]
sich duschen	ба душ даромадан	[ba duʃ daromadan]

Badewanne (f)	ванна	[vanna]
Klosettbecken (n)	нишастгоҳи халоҷо	[niʃastgohi χalodʒo]
Waschbecken (n)	дастшӯяк	[dastʃœjak]

| Seife (f) | собун | [sobun] |
| Seifenschale (f) | собундон | [sobundon] |

Schwamm (m)	исфанҷ	[isfandʒ]
Shampoo (n)	шампун	[ʃampun]
Handtuch (n)	сачоқ	[satʃoq]
Bademantel (m)	халат	[χalat]

Wäsche (f)	ҷомашӯй	[dʒomaʃœi:]
Waschmaschine (f)	мошини ҷомашӯй	[moʃini dʒomaʃœi:]
waschen (vt)	ҷомашӯй кардан	[dʒomaʃœi: kardan]
Waschpulver (n)	хокаи ҷомашӯй	[χokai dʒomaʃœi:]

73. Haushaltsgeräte

Fernseher (m)	телевизор	[televizor]
Tonbandgerät (n)	магнитафон	[magnitafon]
Videorekorder (m)	видеомагнитафон	[videomagnitafon]
Empfänger (m)	радио	[radio]
Player (m)	плеер	[pleer]

Videoprojektor (m)	видеопроектор	[videoproektor]
Heimkino (n)	кинотеатри хонагӣ	[kinoteatri χonagi:]
DVD-Player (m)	DVD-монак	[ɛøɛ-monak]
Verstärker (m)	қувватафзо	[quvvatafzo]
Spielkonsole (f)	плейстейшн	[plejstejʃn]

Videokamera (f)	видеокамера	[videokamera]
Kamera (f)	фотоаппарат	[fotoapparat]
Digitalkamera (f)	суратгираки рақамӣ	[suratgiraki raqami:]

Staubsauger (m)	чангкашак	[tʃangkaʃak]
Bügeleisen (n)	дарзмол	[darzmol]
Bügelbrett (n)	тахтаи дарзмолкунӣ	[taχtai darzmolkuni:]

Telefon (n)	телефон	[telefon]
Mobiltelefon (n)	телефони мобилӣ	[telefoni mobili:]
Schreibmaschine (f)	мошинаи хатнависӣ	[moʃinai χatnavisi:]
Nähmaschine (f)	мошинаи ҷокдӯзӣ	[moʃinai tʃokdœzi:]

Mikrophon (n)	микрофон	[mikrofon]
Kopfhörer (m)	гӯшак, гӯшпӯшак	[gœʃak], [gœʃpœʃak]
Fernbedienung (f)	пулт	[pult]

CD (f)	компакт-диск	[kompakt-disk]
Kassette (f)	кассета	[kasseta]
Schallplatte (f)	пластинка	[plastinka]

DIE ERDE. WETTER

T&P Books Publishing

Kosmos (m)	кайҳон	[kajhon]
kosmisch, Raum-	... и кайҳон	[i kajhon]
Weltraum (m)	фазои кайҳон	[fazoi kajhon]
All (n)	чаҳон	[dʒahon]
Universum (n)	коинот	[koinot]
Galaxie (f)	галактика	[galaktika]
Stern (m)	ситора	[sitora]
Gestirn (n)	бурч	[burdʒ]
Planet (m)	сайёра	[sajjora]
Satellit (m)	радиф	[radif]
Meteorit (m)	метеорит, шиҳобпора	[meteorit], [ʃihobpora]
Komet (m)	ситораи думдор	[sitorai dumdor]
Asteroid (m)	астероид	[asteroid]
Umlaufbahn (f)	мадор	[mador]
sich drehen	давр задан	[davr zadan]
Atmosphäre (f)	атмосфера	[atmosfera]
Sonne (f)	Офтоб	[oftob]
Sonnensystem (n)	манзумаи шамсӣ	[manzumai ʃamsi:]
Sonnenfinsternis (f)	гирифтани офтоб	[giriftani oftob]
Erde (f)	Замин	[zamin]
Mond (m)	Моҳ	[moh]
Mars (m)	Миррих	[mirriχ]
Venus (f)	Зӯҳра, Ноҳид	[zœhra], [nohid]
Jupiter (m)	Муштарӣ	[muʃtari:]
Saturn (m)	Кайвон	[kajvon]
Merkur (m)	Уторид	[utorid]
Uran (m)	Уран	[uran]
Neptun (m)	Нептун	[nɛptunĵ]
Pluto (m)	Плутон	[pluton]
Milchstraße (f)	Роҳи Каҳкашон	[rohi kahkaʃon]
Der Große Bär	Дубби Акбар	[dubbi akbar]
Polarstern (m)	Ситораи қутбӣ	[sitorai qutbi:]
Marsbewohner (m)	миррихӣ	[mirriχi:]
Außerirdischer (m)	инопланетянҳо	[inoplanetjanho]
außerirdisches Wesen (n)	махлуқӣ кайҳонӣ	[maχluqi: kajhoni:]

fliegende Untertasse (f)	табақи парвозкунанда	[tabaqi parvozkunanda]
Raumschiff (n)	киштии кайҳонӣ	[kiʃti:i kajhoni:]
Raumstation (f)	стантсияи мадорӣ	[stantsijai madori:]
Raketenstart (m)	оғоз	[oʁoz]

Motor (m)	муҳаррик	[muharrik]
Düse (f)	сопло	[soplo]
Treibstoff (m)	сӯзишворӣ	[sœziʃvori:]

Kabine (f)	кабина	[kabina]
Antenne (f)	антенна	[antenna]
Bullauge (n)	иллюминатор	[illjuminator]
Sonnenbatterie (f)	батареи офтобӣ	[batarei oftobi:]
Raumanzug (m)	скафандр	[skafandr]

| Schwerelosigkeit (f) | бевазнӣ | [bevazni:] |
| Sauerstoff (m) | оксиген | [oksigen] |

| Ankopplung (f) | пайваст | [pajvast] |
| koppeln (vi) | пайваст кардан | [pajvast kardan] |

Observatorium (n)	расадхона	[rasadχona]
Teleskop (n)	телескоп	[teleskop]
beobachten (vt)	мушоҳида кардан	[muʃohida kardan]
erforschen (vt)	таҳқиқ кардан	[tahqiq kardan]

75. Die Erde

Erde (f)	Замин	[zamin]
Erdkugel (f)	кураи замин	[kurai zamin]
Planet (m)	сайёра	[sajjora]

Atmosphäre (f)	атмосфера	[atmosfera]
Geographie (f)	география	[geografija]
Natur (f)	табиат	[tabiat]

Globus (m)	глобус	[globus]
Landkarte (f)	харита	[χarita]
Atlas (m)	атлас	[atlas]

Asien (n)	Осиё	[osijo]
Afrika (n)	Африқо	[afriqo]
Australien (n)	Австралия	[avstralija]

Amerika (n)	Америка	[amerika]
Nordamerika (n)	Америкаи Шимолӣ	[amerikai ʃimoli:]
Südamerika (n)	Америкаи Ҷанубӣ	[amerikai dʒanubi:]

| Antarktis (f) | Антарктида | [antarktida] |
| Arktis (f) | Арктика | [arktika] |

76. Himmelsrichtungen

Norden (m)	шимол	[ʃimol]
nach Norden	ба шимол	[ba ʃimol]
im Norden	дар шимол	[dar ʃimol]
nördlich	шимолй, ... и шимол	[ʃimoli:], [i ʃimol]
Süden (m)	ҷануб	[dʒanub]
nach Süden	ба ҷануб	[ba dʒanub]
im Süden	дар ҷануб	[dar dʒanub]
südlich	ҷанубй, ... и ҷануб	[dʒanubi:], [i dʒanub]
Westen (m)	ғарб	[ʁarb]
nach Westen	ба ғарб	[ba ʁarb]
im Westen	дар ғарб	[dar ʁarb]
westlich, West-	ғарбй, ... и ғарб	[ʁarbi:], [i ʁarb]
Osten (m)	шарқ	[ʃarq]
nach Osten	ба шарқ	[ba ʃarq]
im Osten	дар шарқ	[dar ʃarq]
östlich	шарқй	[ʃarqi:]

77. Meer. Ozean

Meer (n), See (f)	баҳр	[bahr]
Ozean (m)	укёнус	[uqjɔnus]
Bucht (f)	халиҷ	[xalidʒ]
Meerenge (f)	гулӯгоҳ	[gulœgoh]
Festland (n)	хушкй, замин	[xuʃki:], [zamin]
Kontinent (m)	материк, қитъа	[materik], [qit'a]
Insel (f)	ҷазира	[dʒazira]
Halbinsel (f)	нимҷазира	[nimdʒazira]
Archipel (m)	галаҷазира	[galadʒazira]
Bucht (f)	халиҷ	[xalidʒ]
Hafen (m)	бандар	[bandar]
Lagune (f)	лагуна	[laguna]
Kap (n)	димоға	[dimoʁa]
Atoll (n)	атолл	[atoll]
Riff (n)	харсанги зериобй	[xarsangi zeriobi:]
Koralle (f)	марҷон	[mardʒon]
Korallenriff (n)	обсанги марҷонй	[obsangi mardʒoni:]
tief (Adj)	чуқур	[tʃuqur]
Tiefe (f)	чуқурй	[tʃuquri:]
Abgrund (m)	қаър	[qa'r]

Graben (m)	чуқурӣ	[tʃuquri:]
Strom (m)	чараён	[dʒarajon]
umspülen (vt)	шустан	[ʃustan]

| Ufer (n) | соҳил, соҳили баҳр | [sohil], [sohili bahr] |
| Küste (f) | соҳил | [sohil] |

Flut (f)	мадд	[madd]
Ebbe (f)	чазр	[dʒazr]
Sandbank (f)	пастоб	[pastob]
Boden (m)	қаър	[qa'r]

Welle (f)	мавч	[mavdʒ]
Wellenkamm (m)	теғаи мавч	[teʁai mavdʒ]
Schaum (m)	кафк	[kafk]

Sturm (m)	тӯфон, бӯрои	[tœfon], [bœroi]
Orkan (m)	тундбод	[tundbod]
Tsunami (m)	сунами	[sunami]
Windstille (f)	сукунати ҳаво	[sukunati havo]
ruhig	ором	[orom]

| Pol (m) | қутб | [qutb] |
| Polar- | қутбӣ | [qutbi:] |

Breite (f)	арз	[arz]
Länge (f)	тӯл	[tœl]
Parallele (f)	параллел	[parallel]
Äquator (m)	хати истиво	[χati istivo]

Himmel (m)	осмон	[osmon]
Horizont (m)	уфуқ	[ufuq]
Luft (f)	ҳаво	[havo]

Leuchtturm (m)	мино	[mino]
tauchen (vi)	ғӯта задан	[ʁœta zadan]
versinken (vi)	ғарқ шудан	[ʁarq ʃudan]
Schätze (pl)	ганч	[gandʒ]

78. Namen der Meere und Ozeane

Atlantischer Ozean (m)	Уқёнуси Атлантик	[uqjɔnusi atlantik]
Indischer Ozean (m)	Уқёнуси Ҳинд	[uqjɔnusi hind]
Pazifischer Ozean (m)	Уқёнуси Ором	[uqjɔnusi orom]
Arktischer Ozean (m)	Уқёнуси яхбастаи шимолӣ	[uqjɔnusi jaχbastai ʃimoli:]

Schwarzes Meer (n)	Баҳри Сиёҳ	[bahri sijoh]
Rotes Meer (n)	Баҳри Сурх	[bahri surχ]
Gelbes Meer (n)	Баҳри Зард	[bahri zard]

Weißes Meer (n)	Баҳри Сафед	[bahri safed]
Kaspisches Meer (n)	Баҳри Хазар	[bahri χazar]
Totes Meer (n)	Баҳри Майит	[bahri majit]
Mittelmeer (n)	Баҳри Миёназамин	[bahri mijɔnazamin]
Ägäisches Meer (n)	Баҳри Эгей	[bahri ɛgej]
Adriatisches Meer (n)	Баҳри Адриатика	[bahri adriatika]
Arabisches Meer (n)	Баҳри Араби	[bahri aravi]
Japanisches Meer (n)	Баҳри Чопон	[bahri ʤopon]
Beringmeer (n)	Баҳри Беринг	[bahri bering]
Südchinesisches Meer (n)	Баҳри Хитойи Ҷанубӣ	[bahri χitoji ʤanubi:]
Korallenmeer (n)	Баҳри Марчон	[bahri marʤon]
Tasmansee (f)	Баҳри Тасман	[bahri tasman]
Karibisches Meer (n)	Баҳри Кариб	[bahri karib]
Barentssee (f)	Баҳри Баренс	[bahri barens]
Karasee (f)	Баҳри Кара	[bahri kara]
Nordsee (f)	Баҳри Шимолӣ	[bahri ʃimoli:]
Ostsee (f)	Баҳри Балтика	[bahri baltika]
Nordmeer (n)	Баҳри Норвегия	[bahri norvegija]

79. Berge

Berg (m)	кӯҳ	[kœh]
Gebirgskette (f)	силсилакӯҳ	[silsilakœh]
Bergrücken (m)	қаторкӯҳ	[qatorkœh]
Gipfel (m)	кулла	[kulla]
Spitze (f)	қулла	[qulla]
Bergfuß (m)	доманаи кӯҳ	[domanai kœh]
Abhang (m)	нишебӣ	[niʃebi:]
Vulkan (m)	вулқон	[vulqon]
tätiger Vulkan (m)	вулқони амалкунанда	[vulqoni amalkunanda]
schlafender Vulkan (m)	вулқони хомӯшшуда	[vulqoni χomœʃʃuda]
Ausbruch (m)	оташфишонӣ	[ɔtaʃfiʃoni:]
Krater (m)	танӯра	[tanœra]
Magma (n)	магма, тафта	[magma], [tafta]
Lava (f)	гудоза	[gudoza]
glühend heiß (-e Lava)	тафта	[tafta]
Cañon (m)	оббурда, дара	[obburda], [dara]
Schlucht (f)	дара	[dara]
Spalte (f)	тангно	[tangno]
Abgrund (m) (steiler ~)	партгоҳ	[partgoh]

Gebirgspass (m)	ағба	[aʁba]
Plateau (n)	пуштаи кӯҳ	[puʃtai kœh]
Fels (m)	шух	[ʃuχ]
Hügel (m)	теппа	[teppa]

Gletscher (m)	пирях	[pirjaχ]
Wasserfall (m)	шаршара	[ʃarʃara]
Geiser (m)	гейзер	[gejzer]
See (m)	кул	[kul]

Ebene (f)	ҳамворӣ	[hamvori:]
Landschaft (f)	манзара	[manzara]
Echo (n)	акси садо	[aksi sado]

Bergsteiger (m)	кӯҳнавард	[kœhnavard]
Kletterer (m)	шухпаймо	[ʃuχpajmo]
bezwingen (vt)	фатҳ кардан	[fath kardan]
Aufstieg (m)	болобаройӣ	[bolobaroi:]

80. Namen der Berge

Alpen (pl)	Кӯҳҳои Алп	[kœhhoi alp]
Montblanc (m)	Монблан	[monblan]
Pyrenäen (pl)	Кӯҳҳои Пиреней	[kœhhoi pirenej]

Karpaten (pl)	Кӯҳҳои Карпат	[kœhhoi karpat]
Uralgebirge (n)	Кӯҳҳои Урал	[kœhhoi ural]
Kaukasus (m)	Кӯҳҳои Кавказ	[kœhhoi kavkaz]
Elbrus (m)	Елбруз	[elbruz]

Altai (m)	Алтай	[altaj]
Tian Shan (m)	Тиёншон	[tijonʃon]
Pamir (m)	Кӯҳҳои Помир	[kœhhoi pomir]
Himalaja (m)	Ҳимолой	[himoloj]
Everest (m)	Эверест	[ɛverest]

| Anden (pl) | Кӯҳҳои Анд | [kœhhoi and] |
| Kilimandscharo (m) | Килиманчаро | [kilimandʒaro] |

81. Flüsse

Fluss (m)	дарё	[darjo]
Quelle (f)	чашма	[tʃaʃma]
Flussbett (n)	маҷрои дарё	[madʒroi darjo]
Stromgebiet (n)	ҳавза	[havza]
einmünden in ...	рехтан ба ...	[reχtan ba]
Nebenfluss (m)	шохоб	[ʃoχob]
Ufer (n)	соҳил	[sohil]

Strom (m)	чараён	[dʒarajɔn]
stromabwärts	мувофиқи рафти об	[muvofiqi rafti ob]
stromaufwärts	муқобили самти об	[muqobili samti ob]

Überschwemmung (f)	обхезӣ	[obχezi:]
Hochwasser (n)	обхез	[obχez]
aus den Ufern treten	дамидан	[damidan]
überfluten (vt)	зер кардан	[zer kardan]

| Sandbank (f) | тунукоба | [tunukoba] |
| Stromschnelle (f) | мавҷрез | [mavdʒrez] |

Damm (m)	сарбанд	[sarband]
Kanal (m)	канал	[kanal]
Stausee (m)	обанбор	[obanbor]
Schleuse (f)	шлюз	[ʃljuz]

Gewässer (n)	обанбор	[obanbor]
Sumpf (m), Moor (n)	ботлоқ, ботқоқ	[botloq], [botqoq]
Marsch (f)	ботлоқ	[botloq]
Strudel (m)	гирдоб	[girdob]

Bach (m)	ҷӯй	[dʒœj]
Trink- (z.B. Trinkwasser)	нӯшиданӣ	[nœʃidani:]
Süß- (Wasser)	ширин	[ʃirin]

| Eis (n) | ях | [jaχ] |
| zufrieren (vi) | ях бастан | [jaχ bastan] |

82. Namen der Flüsse

| Seine (f) | Сена | [sena] |
| Loire (f) | Луара | [luara] |

Themse (f)	Темза	[temza]
Rhein (m)	Рейн	[rejn]
Donau (f)	Дунай	[dunaj]

Wolga (f)	Волга	[volga]
Don (m)	Дон	[don]
Lena (f)	Лена	[lena]

Gelber Fluss (m)	Хуанхе	[χuanχe]
Jangtse (m)	Янсзи	[janszi]
Mekong (m)	Меконг	[mekong]
Ganges (m)	Ганга	[ganga]

Nil (m)	Нил	[nil]
Kongo (m)	Конго	[kongo]
Okavango (m)	Окаванго	[okavango]

Sambesi (m)	Замбези	[zambezi]
Limpopo (m)	Лимпопо	[limpopo]
Mississippi (m)	Миссисипи	[missisipi]

83. Wald

| Wald (m) | чангал | [dʒangal] |
| Wald- | чангалй | [dʒangali:] |

Dickicht (n)	чангалзор	[dʒangalzor]
Gehölz (n)	дарахтзор	[daraχtzor]
Lichtung (f)	чаман	[tʃaman]

| Dickicht (n) | буттазор | [buttazor] |
| Gebüsch (n) | буттазор | [buttazor] |

| Fußweg (m) | пайраҳа | [pajraha] |
| Schlucht (f) | оббурда | [obburda] |

Baum (m)	дарахт	[daraχt]
Blatt (n)	барг	[barg]
Laub (n)	баргҳои дарахт	[barghoi daraχt]

Laubfall (m)	баргрезй	[bargrezi:]
fallen (vi) (Blätter)	рехтан	[reχtan]
Wipfel (m)	нӯг	[nœg]

Zweig (m)	шох, шохча	[ʃoχ], [ʃoχtʃa]
Ast (m)	шохи дарахг	[ʃoχi daraχg]
Knospe (f)	муғча	[muʁdʒa]
Nadel (f)	сӯзан	[sœzan]
Zapfen (m)	чалғӯза	[dʒalʁœza]

Höhlung (f)	сӯрохи дарахт	[sœroχi daraχt]
Nest (n)	ошёна, лона	[oʃjona], [lona]
Höhle (f)	хона	[χona]

Stamm (m)	тана	[tana]
Wurzel (f)	реша	[reʃa]
Rinde (f)	пӯсти дарахт	[pœsti daraχt]
Moos (n)	ушна	[uʃna]

roden (vt)	реша кофтан	[reʃa koftan]
fällen (vt)	зада буридан	[zada buridan]
abholzen (vt)	бурида нест кардан	[burida nest kardan]
Baumstumpf (m)	кундаи дарахт	[kundai daraχt]

Lagerfeuer (n)	гулхан	[gulχan]
Waldbrand (m)	сӯхтор, оташ	[sœχtor], [otaʃ]
löschen (vt)	хомӯш кардан	[χomœʃ kardan]

Förster (m)	чангалбон	[dʒangalbon]
Schutz (m)	нигоҳбонй	[nigohboni:]
beschützen (vt)	нигоҳбонй кардан	[nigohboni: kardan]
Wilddieb (m)	кӯруқшикан	[qœruqʃikan]
Falle (f)	қапқон, дом	[qapqon], [dom]

| sammeln, pflücken (vt) | чидан | [tʃidan] |
| sich verirren | роҳ гум кардан | [roh gum kardan] |

84. natürliche Lebensgrundlagen

Naturressourcen (pl)	захираҳои табий	[zaχirahoi tabi:i:]
Bodenschätze (pl)	маъданҳои фоиданок	[ma'danhoi foidanok]
Vorkommen (n)	кон, маъдаи	[kon], [ma'dai]
Feld (n) (Ölfeld usw.)	кон	[kon]

gewinnen (vt)	кандан	[kandan]
Gewinnung (f)	канданй	[kandani:]
Erz (n)	маъдан	[ma'dan]
Bergwerk (n)	кон	[kon]
Schacht (m)	чоҳ	[tʃoh]
Bergarbeiter (m)	конкан	[konkan]

| Erdgas (n) | газ | [gaz] |
| Gasleitung (f) | қубури газ | [quburi gaz] |

Erdöl (n)	нефт	[neft]
Erdölleitung (f)	қубури нефт	[quburi neft]
Ölquelle (f)	чоҳи нафт	[tʃohi naft]
Bohrturm (m)	бурчи нафткашй	[burdʒi naftkaʃi:]
Tanker (m)	танкер	[tanker]

Sand (m)	рег	[reg]
Kalkstein (m)	оҳаксанг	[ohaksang]
Kies (m)	сангреза, шағал	[sangreza], [ʃaʁal]
Torf (m)	торф	[torf]
Ton (m)	гил	[gil]
Kohle (f)	ангишт	[angiʃt]

Eisen (n)	оҳан	[ohan]
Gold (n)	зар, тилло	[zar], [tillʊ]
Silber (n)	нуқра	[nuqra]
Nickel (n)	никел	[nikel]
Kupfer (n)	мис	[mis]

Zink (n)	руҳ	[ruh]
Mangan (n)	манган	[mangan]
Quecksilber (n)	симоб	[simob]
Blei (n)	сурб	[surb]
Mineral (n)	минерал, маъдан	[mineral], [ma'dan]

Kristall (m)	булӯр, шӯша	[bulœr], [ʃœʃa]
Marmor (m)	мармар	[marmar]
Uran (n)	уран	[uran]

85. Wetter

Wetter (n)	обу ҳаво	[obu havo]
Wetterbericht (m)	пешгӯии ҳаво	[peʃgœi:i havo]
Temperatur (f)	ҳарорат	[harorat]
Thermometer (n)	ҳароратсанҷ	[haroratsandʒ]
Barometer (n)	барометр, ҳавосанҷ	[barometr], [havosandʒ]

| feucht | намнок | [namnok] |
| Feuchtigkeit (f) | намӣ, рутубат | [nami:], [rutubat] |

Hitze (f)	гармӣ	[garmi:]
glutheiß	тафсон	[tafson]
ist heiß	ҳаво тафсон аст	[havo tafson ast]

| ist warm | ҳаво гарм аст | [havo garm ast] |
| warm (Adj) | гарм | [garm] |

ist kalt	ҳаво сард аст	[havo sard ast]
kalt (Adj)	хунук, сард	[xunuk], [sard]
Sonne (f)	офтоб	[oftob]
scheinen (vi)	тобидан	[tobidan]
sonnig (Adj)	... и офтоб	[i oftob]
aufgehen (vi)	баромадан	[baromadan]
untergehen (vi)	паст шудан	[past ʃudan]

Wolke (f)	абр	[abr]
bewölkt, wolkig	... и абр, абрӣ	[i abr], [abri:]
Regenwolke (f)	абри сиёҳ	[abri sijoh]
trüb (-er Tag)	абрнок	[abrnok]

Regen (m)	борон	[boron]
Es regnet	борон меборад	[boron meborad]
regnerisch (-er Tag)	серборон	[serboron]
nieseln (vi)	сим-сим боридан	[sim-sim boridan]

strömender Regen (m)	борони сахт	[boroni saxt]
Regenschauer (m)	борони сел	[boroni sel]
stark (-er Regen)	сахт	[saxt]
Pfütze (f)	кӯлмак	[kœlmak]
nass werden (vi)	шилтиқ шудан	[ʃiltiq ʃudan]

Nebel (m)	туман	[tuman]
neblig (-er Tag)	... и туман	[i tuman]
Schnee (m)	барф	[barf]
Es schneit	барф меборад	[barf meborad]

86. Unwetter Naturkatastrophen

Gewitter (n)	раъду барк	[ra'du bark]
Blitz (m)	барқ	[barq]
blitzen (vi)	дурахшидан	[duraχʃidan]
Donner (m)	тундар	[tundar]
donnern (vi)	гулдуррос задан	[guldurros zadan]
Es donnert	раъд гулдуррос мезанад	[ra'd guldurros mezanad]
Hagel (m)	жола	[ʒola]
Es hagelt	жола меборад	[ʒola meborad]
überfluten (vt)	зер кардан	[zer kardan]
Überschwemmung (f)	обхезй	[obχezi:]
Erdbeben (n)	заминчунбй	[zamindʒunbi:]
Erschütterung (f)	заминчунбй,такон	[zamindʒunbi:,takon]
Epizentrum (n)	эпимарказ	[ɛpimarkaz]
Ausbruch (m)	оташфишонй	[otaʃfiʃoni:]
Lava (f)	гудоза	[gudoza]
Wirbelsturm (m)	гирдбод	[girdbod]
Tornado (m)	торнадо	[tornado]
Taifun (m)	тӯфон	[tœfon]
Orkan (m)	тундбод	[tundbod]
Sturm (m)	тӯфон, бӯрои	[tœfon], [bœroi]
Tsunami (m)	сунами	[sunami]
Zyklon (m)	сиклон	[siklon]
Unwetter (n)	ҳавои бад	[havoi bad]
Brand (m)	сӯхтор, оташ	[sœχtor], [otaʃ]
Katastrophe (f)	садама, фалокат	[sadama], [falokat]
Meteorit (m)	метеорит, шихобпора	[meteorit], [ʃihobpora]
Lawine (f)	тарма	[tarma]
Schneelawine (f)	тарма	[tarma]
Schneegestöber (n)	бӯрони барфй	[bœroni barfi:]
Schneesturm (m)	бӯрон	[bœron]

T&P BOOKS

FAUNA

T&P Books Publishing

87. Säugetiere. Raubtiere

Raubtier (n)	дарранда	[darranda]
Tiger (m)	бабр, паланг	[babr], [palang]
Löwe (m)	шер	[ʃer]
Wolf (m)	гург	[gurg]
Fuchs (m)	рӯбоҳ	[rœboh]
Jaguar (m)	юзи ало	[juzi alo]
Leopard (m)	паланг	[palang]
Gepard (m)	юз	[juz]
Panther (m)	пантера	[pantera]
Puma (m)	пума	[puma]
Schneeleopard (m)	шерпаланг	[ʃerpalang]
Luchs (m)	силовсин	[silovsin]
Kojote (m)	койот	[kojɔt]
Schakal (m)	шагол	[ʃagol]
Hyäne (f)	кафтор	[kaftor]

88. Tiere in freier Wildbahn

Tier (n)	ҳайвон	[hajvon]
Bestie (f)	ҳайвони ваҳшй	[hajvoni vahʃiː]
Eichhörnchen (n)	санчоб	[sandʒob]
Igel (m)	хорпушт	[χorpuʃt]
Hase (m)	заргӯш	[zargœʃ]
Kaninchen (n)	харгӯш	[χargœʃ]
Dachs (m)	қашқалдоқ	[qaʃqaldoq]
Waschbär (m)	енот	[enot]
Hamster (m)	миримӯшон	[mirimœʃon]
Murmeltier (n)	суғур	[suʁur]
Maulwurf (m)	кӯрмуш	[kœrmuʃ]
Maus (f)	муш	[muʃ]
Ratte (f)	калламуш	[kallamuʃ]
Fledermaus (f)	кӯршапарак	[kœrʃaparak]
Hermelin (n)	қоқум	[qoqum]
Zobel (m)	самур	[samur]
Marder (m)	савсор	[savsor]

| Wiesel (n) | росу | [rosu] |
| Nerz (m) | вашақ | [vaʃaq] |

| Biber (m) | кундуз | [kunduz] |
| Fischotter (m) | сагоби | [sagobi] |

Pferd (n)	асп	[asp]
Elch (m)	шоҳгавазн	[ʃohgavazn]
Hirsch (m)	гавазн	[gavazn]
Kamel (n)	шутур, уштур	[ʃutur], [uʃtur]

Bison (m)	бизон	[bizon]
Wisent (m)	гови ваҳшй	[govi vahʃiː]
Büffel (m)	говмеш	[govmeʃ]

Zebra (n)	гӯрхар	[gœrχar]
Antilope (f)	антилопа, ғизол	[antilopa], [ʁizol]
Reh (n)	оху	[ohu]
Damhirsch (m)	оху	[ohu]
Gämse (f)	нахчир, бузи кӯҳй	[naχʧir], [buzi kœhiː]
Wildschwein (n)	хуки ваҳши	[χuki vahʃi]

Wal (m)	кит, наҳанг	[kit], [nahang]
Seehund (m)	тюлен	[tjulen]
Walroß (n)	морж	[morʒ]
Seebär (m)	гурбаи обй	[gurbai obiː]
Delfin (m)	делфин	[delfin]

Bär (m)	хирс	[χirs]
Eisbär (m)	хирси сафед	[χirsi safed]
Panda (m)	панда	[panda]

Affe (m)	маймун	[majmun]
Schimpanse (m)	шимпанзе	[ʃimpanze]
Orang-Utan (m)	орангутанг	[orangutang]
Gorilla (m)	горилла	[gorilla]
Makak (m)	макака	[makaka]
Gibbon (m)	гиббон	[gibbon]

| Elefant (m) | фил | [fil] |
| Nashorn (n) | карк, каркадан | [kark], [karkadan] |

| Giraffe (f) | заррофа | [zarrofa] |
| Flusspferd (n) | баҳмут | [bahmut] |

| Känguru (n) | кенгуру | [kenguru] |
| Koala (m) | коала | [koala] |

Manguste (f)	росу	[rosu]
Chinchilla (n)	вашақ	[vaʃaq]
Skunk (m)	скунс	[skuns]
Stachelschwein (n)	ҷайра, дугпушт	[dʒajra], [dugpuʃt]

89. Haustiere

Katze (f)	гурба	[gurba]
Kater (m)	гурбаи нар	[gurbai nar]
Hund (m)	саг	[sag]
Pferd (n)	асп	[asp]
Hengst (m)	айғир, аспи нар	[ajʁir], [aspi nar]
Stute (f)	модиён, байтал	[modijon], [bajtal]
Kuh (f)	гов	[gov]
Stier (m)	барзагов	[barzagov]
Ochse (m)	барзагов	[barzagov]
Schaf (n)	меш, гӯсфанд	[meʃ], [gœsfand]
Hammel (m)	гӯсфанд	[gœsfand]
Ziege (f)	буз	[buz]
Ziegenbock (m)	така, серка	[taka], [serka]
Esel (m)	хар, маркаб	[χar], [markab]
Maultier (n)	хачир	[χatʃir]
Schwein (n)	хук	[χuq]
Ferkel (n)	хукбача	[χukbatʃa]
Kaninchen (n)	харгӯш	[χargœʃ]
Huhn (n)	мурғ	[murʁ]
Hahn (m)	хурӯс	[χurœs]
Ente (f)	мурғобӣ	[murʁobi:]
Enterich (m)	мурғобии нар	[murʁobi:i nar]
Gans (f)	қоз, ғоз	[qoz], [ʁoz]
Puter (m)	хурӯси мурғи марҷон	[χurœsi murʁi mardʒon]
Pute (f)	мокиёни мурғи марҷон	[mokijoni murʁi mardʒon]
Haustiere (pl)	ҳайвони хонагӣ	[hajvoni χonagi:]
zahm	ромшуда	[romʃuda]
zähmen (vt)	дастомӯз кардан	[dastomœz kardan]
züchten (vt)	калон кардан	[kalon kardan]
Farm (f)	ферма	[ferma]
Geflügel (n)	паррандаи хонагӣ	[parrandai χonagi:]
Vieh (n)	чорво	[tʃorvo]
Herde (f)	пода	[poda]
Pferdestall (m)	саисхона, аспхона	[saisχona], [aspχona]
Schweinestall (m)	хукхона	[χukχona]
Kuhstall (m)	оғил, говхона	[oʁil], [govχona]
Kaninchenstall (m)	харгӯшхона	[χargœʃχona]
Hühnerstall (m)	мурғхона	[murʁχona]

90. Vögel

Vogel (m)	паранда	[paranda]
Taube (f)	кафтар	[kaftar]
Spatz (m)	гунҷишк, чумчук	[gundʒiʃk], [tʃumtʃuk]
Meise (f)	фотимачумчуқ	[fotimatʃumtʃuq]
Elster (f)	акка	[akka]
Rabe (m)	зоғ	[zoʁ]
Krähe (f)	зоғи ало	[zoʁi alo]
Dohle (f)	зоғча	[zoʁtʃa]
Saatkrähe (f)	шӯрнӯл	[ʃœrnœl]
Ente (f)	мурғобӣ	[murʁobi:]
Gans (f)	қоз, ғоз	[qoz], [ʁoz]
Fasan (m)	тазарв	[tazarv]
Adler (m)	укоб	[ukob]
Habicht (m)	пайғу	[pajʁu]
Falke (m)	боз, шоҳин	[boz], [ʃohin]
Greif (m)	каргас	[kargas]
Kondor (m)	кондор	[kondor]
Schwan (m)	қу	[qu]
Kranich (m)	куланг, турна	[kulang], [turna]
Storch (m)	лаклак	[laklak]
Papagei (m)	тӯтӣ	[tœti:]
Kolibri (m)	колибри	[kolibri]
Pfau (m)	товус	[tovus]
Strauß (m)	шутурмурғ	[ʃuturmurʁ]
Reiher (m)	ҳавосил	[havosil]
Flamingo (m)	бутимор	[butimor]
Pelikan (m)	мурғи саққо	[murʁi saqqo]
Nachtigall (f)	булбул	[bulbul]
Schwalbe (f)	фароштурук	[faroʃturuk]
Drossel (f)	дурроҷ	[durrodʒ]
Singdrossel (f)	дуррочи хушхон	[durrodʒi χuʃχon]
Amsel (f)	дуррочи сиёҳ	[durrodʒi sijɔh]
Segler (m)	досак	[dosak]
Lerche (f)	чӯр, чаковак	[dʒœr], [tʃakovak]
Wachtel (f)	бедона	[bedona]
Kuckuck (m)	фохтак	[foχtak]
Eule (f)	бум, чуғз	[bum], [dʒuʁz]
Uhu (m)	чуғз	[tʃuʁz]
Auerhahn (m)	дурроҷ	[durrodʒ]

| Birkhahn (m) | титав | [titav] |
| Rebhuhn (n) | кабк, каклик | [kabk], [kaklik] |

Star (m)	сор, соч	[sor], [soʧ]
Kanarienvogel (m)	канарейка	[kanarejka]
Haselhuhn (n)	рябчик	[rjabʧik]
Buchfink (m)	саъва	[sa'va]
Gimpel (m)	севғар	[sevʁar]

Möwe (f)	моҳихӯрак	[mohiχœrak]
Albatros (m)	уқоби баҳрӣ	[uqobi bahri:]
Pinguin (m)	пингвин	[pingvin]

91. Fische. Meerestiere

Brachse (f)	симмоҳӣ	[simmohi:]
Karpfen (m)	капур	[kapur]
Barsch (m)	аломоҳӣ	[alomohi:]
Wels (m)	лаққамоҳӣ	[laqqamohi:]
Hecht (m)	шӯртан	[ʃœrtan]

| Lachs (m) | озодмоҳӣ | [ozodmohi:] |
| Stör (m) | тосмоҳӣ | [tosmohi:] |

Hering (m)	шӯрмоҳӣ	[ʃœrmohi:]
atlantische Lachs (m)	озодмоҳӣ	[ozodmoχi:]
Makrele (f)	зағӯтамоҳӣ	[zaʁœtamohi:]
Scholle (f)	камбала	[kambala]

Zander (m)	суфмоҳӣ	[sufmohi:]
Dorsch (m)	равғанмоҳӣ	[ravʁanmohi:]
Tunfisch (m)	самак	[samak]
Forelle (f)	гулмоҳӣ	[gulmohi:]

Aal (m)	мормоҳӣ	[mormohi:]
Zitterrochen (m)	скати барқдор	[skati barqdor]
Muräne (f)	мурена	[murena]
Piranha (m)	пираня	[piranja]

Hai (m)	наҳанг	[nahang]
Delfin (m)	делфин	[delfin]
Wal (m)	кит, наҳанг	[kit], [nahang]

Krabbe (f)	харчанг	[χarʧang]
Meduse (f)	медуза	[meduza]
Krake (m)	ҳаштпо	[haʃtpo]

Seestern (m)	ситораи баҳрӣ	[sitorai bahri:]
Seeigel (m)	хорпушти баҳрӣ	[χorpuʃti bahri:]
Seepferdchen (n)	аспакмоҳӣ	[aspakmohi:]

Auster (f)	садафак	[sadafak]
Garnele (f)	креветка	[krevetka]
Hummer (m)	харчанги баҳрӣ	[xartʃangi bahri:]
Languste (f)	лангуст	[langust]

92. Amphibien Reptilien

| Schlange (f) | мор | [mor] |
| Gift-, giftig | заҳрдор | [zahrdor] |

Viper (f)	мори афъӣ	[mori afʼi:]
Kobra (f)	мори айнакдор, кӯбро	[mori ajnakdor], [kœbro]
Python (m)	мори печон	[mori petʃon]
Boa (f)	мори печон	[mori petʃon]

Ringelnatter (f)	мори обӣ	[mori obi:]
Klapperschlange (f)	шақшақамор	[ʃaqʃaqamor]
Anakonda (f)	анаконда	[anakonda]

Eidechse (f)	калтакалос	[kaltakalos]
Leguan (m)	сусмор, игуана	[susmor], [iguana]
Waran (m)	сусмор	[susmor]
Salamander (m)	калтакалос	[kaltakalos]
Chamäleon (n)	бӯқаламун	[bœqalamun]
Skorpion (m)	каждум	[kaʒdum]

Schildkröte (f)	сангпушт	[sangpuʃt]
Frosch (m)	қурбоққа	[qurboqqa]
Kröte (f)	ғук, қурбоққаи чӯлӣ	[ʁuk], [qurboqqai tʃœli:]
Krokodil (n)	тимсоҳ	[timsoh]

93. Insekten

Insekt (n)	ҳашарот	[haʃarot]
Schmetterling (m)	шапалак	[ʃapalak]
Ameise (f)	мӯрча	[mœrtʃa]
Fliege (f)	магас	[magas]
Mücke (f)	пашша	[paʃʃa]
Käfer (m)	гамбуск	[gambusk]

Wespe (f)	ору	[oru]
Biene (f)	занбӯри асал	[zanbœri asal]
Hummel (f)	говзанбӯр	[govzanbœr]
Bremse (f)	ғурмагас	[ʁurmagas]

Spinne (f)	тортанак	[tortanak]
Spinnennetz (n)	тори тортанак	[tori tortanak]
Libelle (f)	сӯзанак	[sœzanak]

Grashüpfer (m)	малах	[malaχ]
Schmetterling (m)	шапалак	[ʃapalak]
Schabe (f)	нонхӯрак	[nonχœrak]
Zecke (f)	кана	[kana]
Floh (m)	кайк	[kajk]
Kriebelmücke (f)	пашша	[paʃʃa]
Heuschrecke (f)	малах	[malaχ]
Schnecke (f)	тӯкумшуллуқ	[tœkumʃulluq]
Heimchen (n)	чирчирак	[tʃirtʃirak]
Leuchtkäfer (m)	шабтоб	[ʃabtob]
Marienkäfer (m)	момохолак	[momoχolak]
Maikäfer (m)	гамбуски саврӣ	[gambuski savri:]
Blutegel (m)	шуллук	[ʃulluk]
Raupe (f)	кирм	[kirm]
Wurm (m)	кирм	[kirm]
Larve (f)	кирм	[kirm]

FLORA

T&P Books Publishing

Baum (m)	дарахт	[daraχt]
Laub-	паҳнбарг	[pahnbarg]
Nadel-	... и сӯзанбарг	[i sœzanbarg]
immergrün	ҳамешасабз	[hameʃasabz]

Apfelbaum (m)	дарахти себ	[daraχti seb]
Birnbaum (m)	дарахти нок	[daraχti nok]
Süßkirschbaum (m)	дарахти гелос	[daraχti gelos]
Sauerkirschbaum (m)	дарахти олуболу	[daraχti olubolu]
Pflaumenbaum (m)	дарахти олу	[daraχti olu]

Birke (f)	тӯс	[tœs]
Eiche (f)	булут	[bulut]
Linde (f)	зерфун	[zerfun]
Espe (f)	сиёхбед	[sijɔhbed]
Ahorn (m)	заранг	[zarang]

Fichte (f)	коч, ел	[kodʒ], [el]
Kiefer (f)	санавбар	[sanavbar]
Lärche (f)	кочи баргрез	[kodʒi bargrez]

| Tanne (f) | пихта | [piχta] |
| Zeder (f) | дарахти ҷалғӯза | [daraχti dʒalʁœza] |

| Pappel (f) | сафедор | [safedor] |
| Vogelbeerbaum (m) | ғубайро | [ʁubajro] |

| Weide (f) | бед | [bed] |
| Erle (f) | роздор | [rozdor] |

| Buche (f) | бук, олаш | [buk], [olaʃ] |
| Ulme (f) | дарахти ларг | [daraχti larg] |

| Esche (f) | шумтол | [ʃumtol] |
| Kastanie (f) | шоҳбулут | [ʃɔhbulut] |

Magnolie (f)	магнолия	[magnolija]
Palme (f)	нахл	[naχl]
Zypresse (f)	дарахти сарв	[daraχti sarv]

Mangrovenbaum (m)	дарахти анбаҳ	[daraχti anbah]
Baobab (m)	баобаб	[baobab]
Eukalyptus (m)	эвкалипт	[ɛvkalipt]
Mammutbaum (m)	секвойя	[sekvojja]

95. Büsche

Strauch (m)	бутта	[butta]
Gebüsch (n)	бутта	[butta]
Weinstock (m)	ток	[tok]
Weinberg (m)	токзор	[tokzor]
Himbeerstrauch (m)	тамашк	[tamaʃk]
schwarze Johannisbeere (f)	қоти сиёҳ	[qoti sijɔh]
rote Johannisbeere (f)	коти сурх	[koti surχ]
Stachelbeerstrauch (m)	бектоши	[bektoʃi:]
Akazie (f)	акатсия, ақоқиё	[akatsija], [aqoqijɔ]
Berberitze (f)	буттаи зирк	[buttai zirk]
Jasmin (m)	ёсуман	[jɔsuman]
Wacholder (m)	арча, ардач	[artʃa], [ardadʒ]
Rosenstrauch (m)	буттаи гул	[buttai gul]
Heckenrose (f)	хуч	[χutʃ]

96. Obst. Beeren

Frucht (f)	мева, самар	[meva], [samar]
Früchte (pl)	меваҳо, самарҳо	[mevaho], [samarho]
Apfel (m)	себ	[seb]
Birne (f)	мурӯд, нок	[murœd], [nok]
Pflaume (f)	олу	[olu]
Erdbeere (f)	қулфинай	[qulfinaj]
Sauerkirsche (f)	олуболу	[olubolu]
Herzkirsche (f)	гелос	[gelos]
Weintrauben (pl)	ангур	[angur]
Himbeere (f)	тамашк	[tamaʃk]
schwarze Johannisbeere (f)	қоти сиёҳ	[qoti sijɔh]
rote Johannisbeere (f)	коти сурх	[koti surχ]
Stachelbeere (f)	бектоши	[bektoʃi:]
Moosbeere (f)	клюква	[kljukva]
Apfelsine (f)	афлесун, пӯртахол	[aflesun], [pœrtaχol]
Mandarine (f)	норанг	[norang]
Ananas (f)	ананас	[ananas]
Banane (f)	банан	[banan]
Dattel (f)	хурмо	[χurmo]
Zitrone (f)	лиму	[limu]

Aprikose (f)	дарахти зардолу	[daraχti zardolu]
Pfirsich (m)	шафтолу	[ʃaftolu]
Kiwi (f)	кивй	[kivi:]
Grapefruit (f)	норинч	[norindʒ]

Beere (f)	буттамева	[buttameva]
Beeren (pl)	буттамевахо	[buttamevaho]
Preiselbeere (f)	брусника	[brusnika]
Walderdbeere (f)	тути заминй	[tuti zamini:]
Heidelbeere (f)	черника	[tʃernika]

97. Blumen. Pflanzen

| Blume (f) | гул | [gul] |
| Blumenstrauß (m) | дастаи гул | [dastai gul] |

Rose (f)	гул, гули садбарг	[gul], [guli sadbarg]
Tulpe (f)	лола	[lola]
Nelke (f)	гули мехак	[guli meχak]
Gladiole (f)	гули ёқут	[guli jɔqut]

Kornblume (f)	тугмагул	[tugmagul]
Glockenblume (f)	гули момо	[guli momo]
Löwenzahn (m)	коқу	[koqu]
Kamille (f)	бобуна	[bobuna]

Aloe (f)	уд, сабр, алоэ	[ud], [sabr], [alɔɛ]
Kaktus (m)	гули ханчарй	[guli χandʒari:]
Gummibaum (m)	тутанчир	[tutandʒir]

Lilie (f)	савсан	[savsan]
Geranie (f)	анчибар	[andʒibar]
Hyazinthe (f)	сунбул	[sunbul]

Mimose (f)	нозгул	[nozgul]
Narzisse (f)	наргис	[nargis]
Kapuzinerkresse (f)	настаран	[nastaran]

Orchidee (f)	сахлаб, сӯхлаб	[sahlab], [sœhlab]
Pfingstrose (f)	гули ашрафй	[guli aʃrafi:]
Veilchen (n)	бунафша	[bunaffa]

Stiefmütterchen (n)	бунафшаи франгй	[bunaffai farangi:]
Vergissmeinnicht (n)	марзангӯш	[marzangœʃ]
Gänseblümchen (n)	гули марворидак	[guli marvoridak]

Mohn (m)	кӯкнор	[kœknor]
Hanf (m)	бангдона, канаб	[bangdona], [kanab]
Minze (f)	пудина	[pudina]
Maiglöckchen (n)	гули барфак	[guli barfak]

Schneeglöckchen (n)	бойчечак	[bojtʃetʃak]
Brennnessel (f)	газна	[gazna]
Sauerampfer (m)	шилха	[ʃilχa]
Seerose (f)	нилуфари сафед	[nilufari safed]
Farn (m)	фарн	[farn]
Flechte (f)	гулсанг	[gulsang]

Gewächshaus (n)	гулхона	[gulχona]
Rasen (m)	чаман, сабзазор	[tʃaman], [sabzazor]
Beet (n)	гулзор	[gulzor]

Pflanze (f)	растанй	[rastani:]
Gras (n)	алаф	[alaf]
Grashalm (m)	хас	[χas]

Blatt (n)	барг	[barg]
Kelchblatt (n)	гулбарг	[gulbarg]
Stiel (m)	поя	[poja]
Knolle (f)	бех, дона	[beχ], [dona]

| Jungpflanze (f) | неш | [neʃ] |
| Dorn (m) | хор | [χor] |

blühen (vi)	гул кардан	[gul kardan]
welken (vi)	пажмурда шудан	[paʒmurda ʃudan]
Geruch (m)	бӯй	[bœj]
abschneiden (vt)	буридан	[buridan]
pflücken (vt)	кандан	[kandan]

98. Getreide, Körner

Getreide (n)	дона, ғалла	[dona], [ʁalla]
Getreidepflanzen (pl)	растаниҳои ғалладона	[rastanihoi ʁalladona]
Ähre (f)	хӯша	[χœʃa]

Weizen (m)	гандум	[gandum]
Roggen (m)	чавдор	[dʒavdor]
Hafer (m)	хуртумон	[hurtumon]
Hirse (f)	арзан	[arzan]
Gerste (f)	чав	[dʒav]

Mais (m)	чуворимакка	[dʒuvorimakka]
Reis (m)	шолй, биринч	[ʃoli:], [birindʒ]
Buchweizen (m)	марчумак	[mardʒumak]

Erbse (f)	нахӯд	[naχœd]
weiße Bohne (f)	лӯбиё	[lœbijo]
Sojabohne (f)	соя	[soja]
Linse (f)	наск	[nask]
Bohnen (pl)	лӯбиё	[lœbijo]

T&P BOOKS

LÄNDER DER WELT

T&P Books Publishing

Afghanistan	Афғонистон	[afʁoniston]
Ägypten	Миср	[misr]
Albanien	Албания	[albanija]
Argentinien	Аргентина	[argentina]
Armenien	Арманистон	[armaniston]
Aserbaidschan	Озарбойҷон	[ozarbojdʒon]
Australien	Австралия	[avstralija]
Bangladesch	Бангладеш	[bangladeʃ]
Belgien	Белгия	[belgija]
Bolivien	Боливия	[bolivija]
Bosnien und Herzegowina	Босния ва Ҳерсеговина	[bosnija va hersegovina]
Brasilien	Бразилия	[brazilija]
Bulgarien	Булгористон	[bulʁoriston]
Chile	Чиле	[tʃile]
China	Чин	[tʃin]
Dänemark	Дания	[danija]
Deutschland	Олмон	[olmon]
Die Bahamas	Ҷазираҳои Багам	[dʒazirahoi bagam]
Die Vereinigten Staaten	Иёлоти Муттаҳидаи Америка	[ijoloti muttahidai amerika]
Dominikanische Republik	Ҷумҳурии Доминикан	[dʒumhuri:i dominikan]
Ecuador	Эквадор	[ɛkvador]
England	Англия	[anglija]
Estland	Эстония	[ɛstonija]
Finnland	Финланд	[finland]
Frankreich	Фаронса	[faronsa]
Französisch-Polynesien	Полинезияи Фаронсавӣ	[polinezijai faronsavi:]
Georgien	Гурҷистон	[gurdʒiston]
Ghana	Гана	[gana]
Griechenland	Юнон	[junon]
Großbritannien	Инглистон	[ingliston]
Haiti	Гаити	[gaiti]
Indien	Ҳиндустон	[hinduston]
Indonesien	Индонезия	[indonezija]
Irak	Ироқ	[iroq]
Iran	Эрон	[ɛron]
Irland	Ирландия	[irlandija]
Island	Исландия	[islandija]

Israel	Исроил	[isroil]
Italien	Итолиё	[itolijo]

100. Länder. Teil 2

Jamaika	Ямайка	[jamajka]
Japan	Жопун, Чопон	[ʒopun], [dʒopon]
Jordanien	Урдун	[urdun]

Kambodscha	Камбоча	[kambodʒa]
Kanada	Канада	[kanada]
Kasachstan	Қазоқистон	[qazoqiston]
Kenia	Кения	[kenija]
Kirgisien	Қирғизистон	[qirʁiziston]
Kolumbien	Колумбия	[kolumbija]
Kroatien	Хорватия	[χorvatija]

Kuba	Куба	[kuba]
Kuwait	Кувайт	[kuvajt]

Laos	Лаос	[laos]
Lettland	Латвия	[latvija]
Libanon (m)	Лубнон	[lubnon]
Libyen	Либия	[libija]
Liechtenstein	Лихтенштейн	[liχtenʃtejn]

Litauen	Литва	[litva]
Luxemburg	Люксембург	[ljuksemburg]

Madagaskar	Мадагаскар	[madagaskar]
Makedonien	Мақдуния	[maqdunija]
Malaysia	Малайзия	[malajzija]
Malta	Малта	[malta]
Marokko	Марокаш	[marokaʃ]
Mexiko	Мексика	[meksika]
Moldawien	Молдова	[moldova]
Monaco	Монако	[monako]
Mongolei (f)	Муғулистон	[muʁuliston]

Montenegro	Монтенегро	[montenegro]
Myanmar	Мянма	[mjanma]

Namibia	Намибия	[namibija]
Nepal	Непал	[nepal]

Neuseeland	Зеландияи Нав	[zelandijai nav]
Niederlande (f)	Ҳоланд	[holand]
Nordkorea	Кореяи Шимолӣ	[korejai ʃimoli:]
Norwegen	Норвегия	[norvegija]
Österreich	Австрия	[avstrija]

101. Länder. Teil 3

Pakistan	Покистон	[pokiston]
Palästina	Фаластин	[falastin]
Panama	Панама	[panama]
Paraguay	Парагвай	[paragvaj]
Peru	Перу	[peru]
Polen	Полша, Лаҳистон	[polʃa], [lahiston]
Portugal	Португалия	[portugalija]
Republik Südafrika	Африқои Ҷанубй	[afriqoi dʒanubi:]
Rumänien	Руминия	[ruminija]
Russland	Россия	[rossija]
Sansibar	Занзибар	[zanzibar]
Saudi-Arabien	Арабистони Саудй	[arabistoni saudi:]
Schottland	Шотландия	[ʃotlandija]
Schweden	Шветсия	[ʃvetsija]
Schweiz (f)	Швейсария	[ʃvejsarija]
Senegal	Сенегал	[senegal]
Serbien	Сербия	[serbija]
Slowakei (f)	Словакия	[slovakija]
Slowenien	Словения	[slovenija]
Spanien	Испониё	[isponijɔ]
Südkorea	Кореяи Ҷанубй	[korejai dʒanubi:]
Suriname	Суринам	[surinam]
Syrien	Сурия	[surija]
Tadschikistan	Тоҷикистон	[todʒikiston]
Taiwan	Тайван	[tajvan]
Tansania	Танзания	[tanzanija]
Tasmanien	Тасмания	[tasmanija]
Thailand	Таиланд	[tailand]
Tschechien	Чехия	[tʃeхija]
Tunesien	Тунис	[tunis]
Türkei (f)	Туркия	[turkija]
Turkmenistan	Туркманистон	[turkmaniston]
Ukraine (f)	Украйина	[ukrajina]
Ungarn	Маҷористон	[madʒoriston]
Uruguay	Уругвай	[urugvaj]
Usbekistan	Ӯзбакистон	[œzbakiston]
Vatikan (m)	Вотикон	[votikon]
Venezuela	Венесуэла	[venesuɛla]
Vereinigten Arabischen Emirate	Иморатҳои Муттаҳидаи Араб	[imorathoi muttahidai arab]
Vietnam	Ветнам	[vetnam]
Weißrussland	Беларус	[belarus]
Zypern	Кипр	[kipr]

GASTRONOMISCHES WÖRTERBUCH

Dieser Teil beinhaltet viele Wörter und Begriffe im Zusammenhang mit Lebensmitteln.
Dieses Wörterbuch wird es einfacher für Sie machen, um das Menü in einem Restaurant zu verstehen und die richtige Speise zu wählen

T&P Books Publishing

Deutsch	Tadschikisch	Aussprache
Ähre (f)	хӯша	[χœʃa]
Aal (m)	мормоҳӣ	[mormohi:]
Abendessen (n)	шом	[ʃom]
alkoholfrei	беалкогол	[bealkogol]
alkoholfreies Getränk (n)	нӯшокии беалкогол	[nœʃoki:i bealkogol]
Ananas (f)	ананас	[ananas]
Anis (m)	тухми бодиён	[tuχmi bodijɔn]
Aperitif (m)	аперитив	[aperitiv]
Apfel (m)	себ	[seb]
Apfelsine (f)	афлесун, пӯртахол	[aflesun], [pœrtaχol]
Appetit (m)	иштиҳо	[iʃtiho]
Aprikose (f)	дарахти зардолу	[daraχti zardolu]
Artischocke (f)	анганор	[anganor]
atlantische Lachs (m)	озодмоҳӣ	[ozodmoχi:]
Aubergine (f)	бодинҷон	[bodindʒon]
Auster (f)	садафак	[sadafak]
Avocado (f)	авокадо	[avokado]
Banane (f)	банан	[banan]
Bar (f)	бар	[bar]
Barmixer (m)	бармен	[barmen]
Barsch (m)	аломоҳӣ	[alomohi:]
Basilikum (n)	нозбӯй, райҳон	[nozbœj], [rajhon]
Beefsteak (n)	бифштекс	[bifʃteks]
Beere (f)	буттамева	[buttameva]
Beeren (pl)	буттамеваҳо	[buttamevaho]
Beigeschmack (m)	таъм	[ta'm]
Beilage (f)	хӯриши таом	[χœriʃi taom]
belegtes Brot (n)	бутерброд	[buterbrod]
Bier (n)	пиво	[pivo]
Birkenpilz (m)	занбӯруғи тӯсӣ	[zanbœruʁi tœsi:]
Birne (f)	мурӯд, нок	[murœd], [nok]
bitter	талх	[talχ]
Blumenkohl (m)	гулкарам	[gulkaram]
Bohnen (pl)	лӯбиё	[lœbijɔ]
Bonbon (m, n)	конфет	[konfet]
Brühe (f), Bouillon (f)	булён	[buljɔn]
Brachse (f)	симмоҳӣ	[simmohi:]
Brei (m)	шӯла	[ʃœla]
Brokkoli (m)	карами брокколӣ	[karami brokkoli:]
Brombeere (f)	марминҷон	[marmindʒon]
Brot (n)	нон	[non]
Buchweizen (m)	марҷумак	[mardʒumak]
Butter (f)	равғани маска	[ravʁani maska]
Buttercreme (f)	крем	[krem]

Cappuccino (m)	капучино	[kaputʃino]
Champagner (m)	шампан	[ʃampan]
Cocktail (m)	коктейл	[koktejl]
Dattel (f)	хурмо	[χurmo]
Diät (f)	диета	[dieta]
Dill (m)	шибит	[ʃibit]
Dorsch (m)	равғанмоҳӣ	[ravʁanmohi:]
Dosenöffner (m)	саркушояк	[sarkuʃojak]
Dunkelbier (n)	оби ҷави торик	[obi dʒavi torik]
Ei (n)	тухм	[tuχm]
Eier (pl)	тухм	[tuχm]
Eigelb (n)	зардии тухм	[zardi:i tuχm]
Eis (n)	ях	[jaχ]
Eis (n)	яхмос	[jaχmos]
Eiweiß (n)	сафедии тухм	[safedi:i tuχm]
Ente (f)	мурғобӣ	[murʁobi:]
Erbse (f)	нахӯд	[naχœd]
Erdbeere (f)	қулфинай	[qulfinaj]
Erdnuss (f)	финдуки заминӣ	[finduki zamini:]
Erfrischungsgetränk (n)	нӯшокии хунук	[nœʃoki:i χunuk]
essbarer Pilz (m)	занбӯруғи хӯрданӣ	[zanbœruʁi χœrdani:]
Essen (n)	хӯрок, таом	[χœrok], [taom]
Essig (m)	сирко	[sirko]
Esslöffel (m)	қошуқи ошхӯрӣ	[qoʃuqi oʃχœri:]
Füllung (f)	пур кардани, андохтани	[pur kardani], [andoχtani]
Feige (f)	анҷир	[andʒir]
Fett (n)	равған	[ravʁan]
Fisch (m)	моҳӣ	[mohi:]
Flaschenöffner (m)	саркушояк	[sarkuʃojak]
Fleisch (n)	гӯшт	[gœʃt]
Fliegenpilz (m)	маргимагас	[margimagas]
Forelle (f)	гулмоҳӣ	[gulmohi:]
Früchte (pl)	меваҳо, самарҳо	[mevaho], [samarho]
Frühstück (n)	ношишта	[noniʃta]
frisch gepresster Saft (m)	афшураи тоза тайёршуда	[afʃurai toza tajjorʃuda]
Frucht (f)	мева	[meva]
Gabel (f)	чангча, чангол	[tʃangtʃa], [tʃangol]
Gans (f)	қоз, ғоз	[qoz], [ʁoz]
Garnele (f)	креветка	[krevetka]
gebraten	бирён	[birjon]
gekocht	ҷӯшондашуда	[dʒœʃondaʃuda]
Gemüse (n)	сабзавот	[sabzavot]
geräuchert	дудхӯрда	[dudχœrda]
Gericht (n)	таом	[taom]
Gerste (f)	ҷав	[dʒav]
Geschmack (m)	маза, таъм	[maza], [ta'm]
Getreide (n)	дона, ғалла	[dona], [ʁalla]
Getreidepflanzen (pl)	растаниҳои ғалладона	[rastanihoi ʁalladona]
getrocknet	хушк	[χuʃk]
Gewürz (n)	хӯриш	[χœriʃ]
Giftpilz (m)	занбӯруғи заҳрнок	[zanbœruʁi zahrnok]

Gin (m)	чин	[dʒin]
Grüner Knollenblätterpilz (m)	занбӯруғи заҳрнок	[zanbœruʁi zahrnok]
grüner Tee (m)	чои кабуд	[tʃoi kabud]
grünes Gemüse (pl)	сабзавот	[sabzavot]
Grütze (f)	ярма	[jarma]
Granatapfel (m)	анор	[anor]
Grapefruit (f)	норинҷ	[norindʒ]
Gurke (f)	бодиринг	[bodiring]
Guten Appetit!	ош шавад!	[oʃ ʃavad]
Hühnerfleisch (n)	мурғ	[murʁ]
Hackfleisch (n)	гӯшти кӯфта	[gœʃti kœfta]
Hafer (m)	ҳуртумон	[hurtumon]
Haferflocken (pl)	бадроқи чуворимакка	[badroqi dʒuvorimakka]
Hai (m)	наҳанг	[nahang]
Hamburger (m)	гамбургер	[gamburger]
Hammelfleisch (n)	гӯшти гӯсфанд	[gœʃti gœsfand]
Haselnuss (f)	финдиқ	[findiq]
Hecht (m)	шӯртан	[ʃœrtan]
heiß	гарм	[garm]
Heidelbeere (f)	черника	[tʃernika]
Heilbutt (m)	палтус	[paltus]
Helles (n)	оби ҷави шафоф	[obi dʒavi ʃafof]
Hering (m)	шӯрмоҳй	[ʃœrmohi:]
Herzkirsche (f)	гелос	[gelos]
Himbeere (f)	тамашк	[tamaʃk]
Hirse (f)	арзан	[arzan]
Honig (m)	асал	[asal]
Ingwer (m)	занҷабил	[zandʒabil]
Joghurt (m, f)	йогурт	[jogurt]
Käse (m)	панир	[panir]
Küche (f)	таомхо	[taomho]
Kümmel (m)	зира	[zira]
Kürbis (m)	каду	[kadu]
Kaffee (m)	қаҳва	[qahva]
Kalbfleisch (n)	гӯшти гӯсола	[gœʃti gœsola]
Kalmar (m)	калмар	[kalmar]
Kalorie (f)	калория	[kalorija]
kalt	хунук	[xunuk]
Kaninchenfleisch (n)	харгӯш	[xargœʃ]
Karotte (f)	сабзй	[sabzi:]
Karpfen (m)	капур	[kapur]
Kartoffel (f)	картошка	[kartoʃka]
Kartoffelpüree (n)	пюре	[pjure]
Kaugummi (m, n)	сақич, илқ	[saqitʃ], [ilq]
Kaviar (m)	тухми моҳй	[tuxmi mohi:]
Keks (m, n)	кулчақанд	[kultʃaqand]
Kellner (m)	пешхизмат	[peʃxizmat]
Kellnerin (f)	пешхизмат	[peʃxizmat]
Kiwi, Kiwifrucht (f)	кивй	[kivi:]
Knoblauch (m)	сир	[sir]
Kognak (m)	коняк	[konjak]

Kohl (m)	карам	[karam]
Kohlenhydrat (n)	карбогидратхо	[karbogidratho]
Kokosnuss (f)	норгил	[norgil]
Kondensmilch (f)	ширкиём	[ʃirqijɔm]
Konditorwaren (pl)	махсулоти қанноди	[mahsuloti qannodi]
Konfitüre (f)	мураббо	[murabbo]
Konserven (pl)	консерв	[konserv]
Kopf Salat (m)	коху	[kohu]
Koriander (m)	кашнич	[kaʃnidʒ]
Korkenzieher (m)	пӯккашак	[pœkkaʃak]
Krümel (m)	резгӣ	[rezgi:]
Krabbe (f)	харчанг	[χartʃang]
Krebstiere (pl)	буғумпойхо	[buʁumpojho]
Kuchen (m)	пирог	[pirog]
Löffel (m)	қошуқ	[qoʃuq]
Lachs (m)	озодмохӣ	[ozodmohi:]
Languste (f)	лангуст	[langust]
Leber (f)	чигар	[dʒigar]
lecker	бомаза	[bomaza]
Likör (m)	ликёр	[likjɔr]
Limonade (f)	лимонад	[limonad]
Linse (f)	наск	[nask]
Lorbeerblatt (n)	барги ғор	[bargi ʁor]
Mais (m)	чувориммака	[dʒuvorimakka]
Mais (m)	чувориммака	[dʒuvorimakka]
Makrele (f)	зағӯтамохӣ	[zaʁœtamohi:]
Mandarine (f)	норанг	[norang]
Mandel (f)	бодом	[bodom]
Mango (f)	анбах	[anbah]
Margarine (f)	маргарин	[margarin]
mariniert	дар сирко хобондашуда	[dar sirko χobondaʃuda]
Marmelade (f)	чем	[dʒem]
Marmelade (f)	мармалод	[marmalod]
Mayonnaise (f)	майонез	[majɔnez]
Meeresfrüchte (pl)	махсулоти бахрӣ	[mahsuloti bahri:]
Meerrettich (m)	қахзак	[qahzak]
Mehl (n)	орд	[ord]
Messer (n)	корд	[kord]
Milch (f)	шир	[ʃir]
Milchcocktail (m)	коктейли ширӣ	[koktejli ʃiri:]
Milchkaffee (m)	ширқахва	[ʃirqahva]
Mineralwasser (n)	оби минералӣ	[obi minerali:]
mit Eis	бо ях, яхдор	[bo jaχ], [jaχdor]
mit Gas	газдор	[gazdor]
mit Kohlensäure	газнок	[gaznok]
Mittagessen (n)	хӯроки пешин	[χœroki peʃin]
Moosbeere (f)	клюква	[kljukva]
Morchel (f)	бурмазанбӯруғ	[burmazanbœruʁ]
Nachtisch (m)	десерт	[desert]
Nelke (f)	қаланфури гардан	[qalanfuri gardan]
Nudeln (pl)	угро	[ugro]

Oliven (pl)	зайтун	[zajtun]
Olivenöl (n)	равғани зайтун	[ravʁani zajtun]
Omelett (n)	омлет, тухмбирён	[omlet], [tuχmbirjon]
Orangensaft (m)	афшураи афлесун	[affurai aflesun]
Papaya (f)	папайя	[papajja]
Paprika (m)	қаламфур	[qalamfur]
Paprika (m)	қаламфур	[qalamfur]
Pastete (f)	паштет	[paʃtet]
Petersilie (f)	чаъфарй	[dʒa'fari:]
Pfefferling (m)	кӯзиқандй	[qœziqandi:]
Pfirsich (m)	шафтолу	[ʃaftolu]
Pflanzenöl (n)	равғани пок	[ravʁani pok]
Pflaume (f)	олу	[olu]
Pilz (m)	занбӯруғ	[zanbœruʁ]
Pistazien (pl)	писта	[pista]
Pizza (f)	питса	[pitsa]
Portion (f)	навола	[navola]
Preiselbeere (f)	брусника	[brusnika]
Protein (n)	сафедаҳо	[safedaho]
Pudding (m)	пудинг	[puding]
Pulverkaffee (m)	қаҳваи кӯфта	[qahvai kœfta]
Pute (f)	мурғи марчон	[murʁi mardʒon]
Räucherschinken (m)	рон	[ron]
Rübe (f)	шалғам	[ʃalʁam]
Radieschen (n)	шалғамча	[ʃalʁamtʃa]
Rechnung (f)	ҳисоб	[hisob]
Reis (m)	биринч	[birindʒ]
Rezept (n)	ретсепт	[retsept]
Rindfleisch (n)	гӯшти гов	[gœʃti gov]
Roggen (m)	чавдор	[dʒavdor]
Rosenkohl (m)	карами брусселй	[karami brusseli:]
Rosinen (pl)	мавиз	[maviz]
rote Johannisbeere (f)	коти сурх	[koti surχ]
roter Pfeffer (m)	мурчи сурх	[murtʃi surχ]
Rotkappe (f)	занбӯруғи сурх	[zanbœruʁi surχ]
Rotwein (m)	маи арғувонй	[mai arʁuvoni:]
Rum (m)	ром	[rom]
süß	ширин	[ʃirin]
Safran (m)	заъфарон	[za'faron]
Saft (m)	шарбат	[ʃarbat]
Sahne (f)	қаймоқ	[qajmoq]
Salat (m)	салат	[salat]
Salz (n)	намак	[namak]
salzig	шӯр	[ʃœr]
Sardine (f)	саморис	[samoris]
Sauerkirsche (f)	олуболу	[olubolu]
saure Sahne (f)	қаймок	[qajmok]
Schale (f)	пӯст	[pœst]
Scheibchen (n)	тилим, порча	[tilim], [portʃa]
Schinken (m)	ветчина	[vettʃina]
Schinkenspeck (m)	бекон	[bekon]
Schokolade (f)	шоколад	[ʃokolad]

Schokoladen-	... и шоколад, шоколадӣ	[i ʃokolad], [ʃokoladi:]
Scholle (f)	камбала	[kambala]
schwarze Johannisbeere (f)	қоти сиёх	[qoti sijɔh]
schwarzer Kaffee (m)	қахваи сиёх	[qahvai sijɔh]
schwarzer Pfeffer (m)	мурчи сиёх	[murtʃi sijɔh]
schwarzer Tee (m)	чойи сиёх	[tʃoji sijɔh]
Schweinefleisch (n)	гӯшти хук	[gœʃti χuk]
Sellerie (m)	карафс	[karafs]
Senf (m)	хардал	[χardal]
Sesam (m)	кунчид	[kundʒid]
Soße (f)	қайла	[qajla]
Sojabohne (f)	соя	[soja]
Sonnenblumenöl (n)	равгани офтобпараст	[ravʁani oftobparast]
Spaghetti (pl)	спагеттӣ	[spagetti:]
Spargel (m)	морчӯба	[mortʃœba]
Speisekarte (f)	меню	[menju]
Spiegelei (n)	тухмбирён	[tuχmbirjɔn]
Spinat (m)	испаноқ	[ispanoq]
Spirituosen (pl)	нӯшокихои спиртӣ	[nœʃokihoi spirti:]
Störfleisch (n)	гӯшти тосмохӣ	[gœʃti tosmohi:]
Stück (n)	порча	[portʃa]
Stachelbeere (f)	бектошӣ	[bektoʃi:]
Steinpilz (m)	занбӯруги сафед	[zanbœruʁi safed]
still	бе газ	[be gaz]
Suppe (f)	шӯрбо	[ʃœrbo]
Täubling (m)	занбӯруги хомхӯрак	[zanbœruʁi χomχœrak]
Törtchen (n)	пирожни	[piroʒni]
Tasse (f)	косача	[kosatʃa]
Tee (m)	чой	[tʃoj]
Teelöffel (m)	чойкошук	[tʃojkoʃuk]
Teigwaren (pl)	макарон	[makaron]
Teller (m)	тақсимча	[taqsimtʃa]
tiefgekühlt	яхкарда	[jaχkarda]
Tomate (f)	помидор	[pomidor]
Tomatensaft (m)	шираи помидор	[ʃirai pomidor]
Torte (f)	торт	[tort]
Trinkgeld (n)	чойпулӣ	[tʃojpuli:]
Trinkwasser (n)	оби нӯшиданӣ	[obi nœʃidani:]
Tunfisch (m)	самак	[samak]
Untertasse (f)	тақсимӣ, тақсимича	[taqsimi:], [taqsimitʃa]
Vegetarier (m)	гӯштнахӯранда	[gœʃtnaχœranda]
vegetarisch	бегӯшт	[begœʃt]
Vitamin (n)	витамин	[vitamin]
Vorspeise (f)	хӯриш, газак	[χœriʃ], [gazak]
Würstchen (n)	хасибча	[hasibtʃa]
Würze (f)	дорувор	[doruvor]
Waffeln (pl)	вафлӣ	[vafli:]
Walderdbeere (f)	тути заминӣ	[tuti zamini:]
Walnuss (f)	чормагз	[tʃormaʁz]
Wasser (n)	об	[ob]

Wasserglas (n)	стакан	[stakan]
Wassermelone (f)	тарбуз	[tarbuz]
weiße Bohne (f)	лӯбиё	[lœbijɔ]
Weißwein (m)	маи ангури сафед	[mai anguri safed]
Wein (m)	шароб, май	[ʃarob], [maj]
Weinglas (n)	бокал	[bokal]
Weinkarte (f)	рӯйхати шаробҳо	[rœjχati ʃarobho]
Weintrauben (pl)	ангур	[angur]
Weizen (m)	гандум	[gandum]
Wels (m)	лаққамоҳӣ	[laqqamohi:]
Wermut (m)	вермут	[vermut]
Whisky (m)	виски	[viski]
Wild (n)	сайди шикор	[sajdi ʃikor]
Wodka (m)	арақ, водка	[araq], [vodka]
Wurst (f)	ҳасиб	[hasib]
Zahnstocher (m)	дандонковак	[dandonkovak]
Zander (m)	суфмоҳӣ	[sufmohi:]
Zimt (m)	дорчин, долчин	[dortʃin], [doltʃin]
Zitrone (f)	лиму	[limu]
Zucchini (f)	таррак	[tarrak]
Zucker (m)	шакар	[ʃakar]
Zuckerrübe (f)	лаблабу	[lablabu]
Zunge (f)	забон	[zabon]
Zwiebel (f)	пиёз	[pijɔz]

Tadschikisch-Deutsch gastronomisches wörterbuch

кӯзиқандӣ	[qœziqandi:]	Pfefferling (m)
қаҳва	[qahva]	Kaffee (m)
қаҳваи кӯфта	[qahvai kœfta]	Pulverkaffee (m)
қаҳваи сиёҳ	[qahvai sijɔh]	schwarzer Kaffee (m)
қаҳзак	[qahzak]	Meerrettich (m)
қайла	[qajla]	Soße (f)
қаймоқ	[qajmoq]	Sahne (f)
қаймок	[qajmok]	saure Sahne (f)
қаламфур	[qalamfur]	Paprika (m)
қаламфур	[qalamfur]	Paprika (m)
қаланфури гардан	[qalanfuri gardan]	Nelke (f)
қоз, ғоз	[qoz], [ʁoz]	Gans (f)
қоти сиёҳ	[qoti sijɔh]	schwarze Johannisbeere (f)
қошуқ	[qoʃuq]	Löffel (m)
қошуқи ошхӯрӣ	[qoʃuqi oʃxœri:]	Esslöffel (m)
кулфинай	[qulfinaj]	Erdbeere (f)
ҳасиб	[hasib]	Wurst (f)
ҳасибча	[hasibtʃa]	Würstchen (n)
ҳисоб	[hisob]	Rechnung (f)
ҳуртумон	[hurtumon]	Hafer (m)
чӯшондашуда	[dʒœʃondaʃuda]	gekocht
чав	[dʒav]	Gerste (f)
чавдор	[dʒavdor]	Roggen (m)
чаъфарӣ	[dʒa'fari:]	Petersilie (f)
чем	[dʒem]	Marmelade (f)
чигар	[dʒigar]	Leber (f)
чин	[dʒin]	Gin (m)
чуворимакка	[dʒuvorimakka]	Mais (m)
чуворимакка	[dʒuvorimakka]	Mais (m)
авокадо	[avokado]	Avocado (f)
аломохӣ	[alomohi:]	Barsch (m)
анчир	[andʒir]	Feige (f)
ананас	[ananas]	Ananas (f)
анбаҳ	[anbah]	Mango (f)
анганор	[anganor]	Artischocke (f)
ангур	[angur]	Weintrauben (pl)
анор	[anor]	Granatapfel (m)
аперитив	[aperitiv]	Aperitif (m)
арақ, водка	[araq], [vodka]	Wodka (m)
арзан	[arzan]	Hirse (f)
асал	[asal]	Honig (m)
афлесун, пӯртахол	[aflesun], [pœrtaxɔl]	Apfelsine (f)
афшураи афлесун	[afʃurai aflesun]	Orangensaft (m)

афшураи тоза тайёршуда	[affurai toza tajjorʃuda]	frisch gepresster Saft (m)
бадроқи чуворимакка	[badroqi ʤuvorimakka]	Haferflocken (pl)
банан	[banan]	Banane (f)
бар	[bar]	Bar (f)
барги ғор	[bargi ʁor]	Lorbeerblatt (n)
бармен	[barmen]	Barmixer (m)
бе газ	[be gaz]	still
беалкогол	[bealkogol]	alkoholfrei
бегӯшт	[begœʃt]	vegetarisch
бекон	[bekon]	Schinkenspeck (m)
бектошй	[bektoʃi:]	Stachelbeere (f)
бирён	[birjon]	gebraten
биринч	[birinʤ]	Reis (m)
бифштекс	[bifʃteks]	Beefsteak (n)
бо ях, яхдор	[bo jaχ], [jaχdor]	mit Eis
бодинчон	[bodinʤon]	Aubergine (f)
бодиринг	[bodiring]	Gurke (f)
бодом	[bodom]	Mandel (f)
бокал	[bokal]	Weinglas (n)
бомаза	[bomaza]	lecker
брусника	[brusnika]	Preiselbeere (f)
буғумпойҳо	[buʁumpojho]	Krebstiere (pl)
булён	[buljon]	Brühe (f), Bouillon (f)
бурмазанбӯруғ	[burmazanbœruʁ]	Morchel (f)
бутерброд	[buterbrod]	belegtes Brot (n)
буттамева	[buttameva]	Beere (f)
буттамеваҳо	[buttamevaho]	Beeren (pl)
вафлй	[vafli:]	Waffeln (pl)
вермут	[vermut]	Wermut (m)
ветчина	[vettʃina]	Schinken (m)
виски	[viski]	Whisky (m)
витамин	[vitamin]	Vitamin (n)
гӯшт	[gœʃt]	Fleisch (n)
гӯшти гӯсола	[gœʃti gœsola]	Kalbfleisch (n)
гӯшти гӯсфанд	[gœʃti gœsfand]	Hammelfleisch (n)
гӯшти гов	[gœʃti gov]	Rindfleisch (n)
гӯшти кӯфта	[gœʃti kœfta]	Hackfleisch (n)
гӯшти тосмохй	[gœʃti tosmohi:]	Störfleisch (n)
гӯшти хук	[gœʃti χuk]	Schweinefleisch (n)
гӯштнахӯранда	[gœʃtnaχœranda]	Vegetarier (m)
газдор	[gazdor]	mit Gas
газнок	[ɡaznok]	mit Kohlensäure
гамбургер	[gamburger]	Hamburger (m)
гандум	[gandum]	Weizen (m)
гарм	[garm]	heiß
гелос	[gelos]	Herzkirsche (f)
гулкарам	[gulkaram]	Blumenkohl (m)
гулмохй	[gulmohi:]	Forelle (f)
дандонковак	[dandonkovak]	Zahnstocher (m)
дар сирко хобондашуда	[dar sirko χobondaʃuda]	mariniert

дарахти зардолу	[daraxti zardolu]	Aprikose (f)
десерт	[desert]	Nachtisch (m)
диета	[dieta]	Diät (f)
дона, ғалла	[dona], [ʁalla]	Getreide (n)
дорувор	[doruvor]	Würze (f)
дорчин, долчин	[dortʃin], [doltʃin]	Zimt (m)
дудхӯрда	[dudxœrda]	geräuchert
зағӯтамоҳӣ	[zaʁœtamohi:]	Makrele (f)
забон	[zabon]	Zunge (f)
зайтун	[zajtun]	Oliven (pl)
занчабил	[zandʒabil]	Ingwer (m)
занбӯруғ	[zanbœruʁ]	Pilz (m)
занбӯруғи заҳрнок	[zanbœruʁi zahrnok]	Giftpilz (m)
занбӯруғи заҳрнок	[zanbœruʁi zahrnok]	Grüner Knollenblätterpilz (m)
занбӯруғи сафед	[zanbœruʁi safed]	Steinpilz (m)
занбӯруғи сурх	[zanbœruʁi surx]	Rotkappe (f)
занбӯруғи тӯсӣ	[zanbœruʁi tœsi:]	Birkenpilz (m)
занбӯруғи хӯрданӣ	[zanbœruʁi xœrdani:]	essbarer Pilz (m)
занбӯруғи хомхӯрак	[zanbœruʁi xomxœrak]	Täubling (m)
зардии тухм	[zardi:i tuxm]	Eigelb (n)
заъфарон	[za'faron]	Safran (m)
зира	[zira]	Kümmel (m)
испаноқ	[ispanoq]	Spinat (m)
иштиҳо	[iʃtiho]	Appetit (m)
йогурт	[jɔgurt]	Joghurt (m, f)
каду	[kadu]	Kürbis (m)
калмар	[kalmar]	Kalmar (m)
калория	[kalɔrija]	Kalorie (f)
камбала	[kambala]	Scholle (f)
капур	[kapur]	Karpfen (m)
капучино	[kaputʃino]	Cappuccino (m)
карам	[karam]	Kohl (m)
карами брокколӣ	[karami brokkoli:]	Brokkoli (m)
карами брусселӣ	[karami brusseli:]	Rosenkohl (m)
карафс	[karafs]	Sellerie (m)
карбогидратҳо	[karbogidratho]	Kohlenhydrat (n)
картошка	[kartoʃka]	Kartoffel (f)
кашнич	[kaʃnidʒ]	Koriander (m)
кивӣ	[kivi:]	Kiwi, Kiwifrucht (f)
клюква	[kljukva]	Moosbeere (f)
коху	[kohu]	Kopf Salat (m)
коктейл	[koktejl]	Cocktail (m)
коктейли ширӣ	[koktejli ʃiri:]	Milchcocktail (m)
консерв	[konserv]	Konserven (pl)
конфет	[konfet]	Bonbon (m, n)
коняк	[konjak]	Kognak (m)
корд	[kord]	Messer (n)
косача	[kosatʃa]	Tasse (f)
коти сурх	[koti surx]	rote Johannisbeere (f)
креветка	[krevetka]	Garnele (f)
крем	[krem]	Buttercreme (f)

кулчақанд	[kulʧaqand]	Keks (m, n)
кунҷид	[kundʒid]	Sesam (m)
лӯбиё	[lœbijɔ]	Bohnen (pl)
лӯбиё	[lœbijɔ]	weiße Bohne (f)
лаққамоҳӣ	[laqqamohi:]	Wels (m)
лаблабу	[lablabu]	Zuckerrübe (f)
лангуст	[langust]	Languste (f)
ликёр	[likjɔr]	Likör (m)
лимонад	[limonad]	Limonade (f)
лиму	[limu]	Zitrone (f)
маҳсулоти қанноди	[mahsuloti qannodi]	Konditorwaren (pl)
маҳсулоти баҳрӣ	[mahsuloti bahri:]	Meeresfrüchte (pl)
мавиз	[maviz]	Rosinen (pl)
маза, таъм	[maza], [ta'm]	Geschmack (m)
маи ангури сафед	[mai anguri safed]	Weißwein (m)
маи арғувонӣ	[mai arʁuvoni:]	Rotwein (m)
майонез	[majɔnez]	Mayonnaise (f)
макарон	[makaron]	Teigwaren (pl)
марчумак	[mardʒumak]	Buchweizen (m)
маргарин	[margarin]	Margarine (f)
маргимагас	[margimagas]	Fliegenpilz (m)
мармалод	[marmalod]	Marmelade (f)
марминчон	[marmindʒon]	Brombeere (f)
мева	[meva]	Frucht (f)
меваҳо, самарҳо	[mevaho], [samarho]	Früchte (pl)
меню	[menju]	Speisekarte (f)
моҳӣ	[mohi:]	Fisch (m)
мормоҳӣ	[mormohi:]	Aal (m)
морчӯба	[morʧœba]	Spargel (m)
мурғ	[murʁ]	Hühnerfleisch (n)
мурғи марчон	[murʁi mardʒon]	Pute (f)
мурғобӣ	[murʁobi:]	Ente (f)
мурӯд, нок	[murœd], [nok]	Birne (f)
мураббо	[murabbo]	Konfitüre (f)
мурчи сиёҳ	[murʧi sijoh]	schwarzer Pfeffer (m)
мурчи сурх	[murʧi surx]	roter Pfeffer (m)
нӯшокиҳои спиртӣ	[nœʃokihoi spirti:]	Spirituosen (pl)
нӯшокии беалкогол	[nœʃoki:i bealkogol]	alkoholfreies Getränk (n)
нӯшокии хунук	[nœʃoki:i xunuk]	Erfrischungsgetränk (n)
наҳанг	[nahang]	Hai (m)
навола	[navola]	Portion (f)
намак	[namak]	Salz (n)
наск	[nask]	Linse (f)
нахӯд	[naxœd]	Erbse (f)
нозбӯй, райҳон	[nozbœj], [rajhon]	Basilikum (n)
нон	[non]	Brot (n)
ноништа	[noniʃta]	Frühstück (n)
норанг	[norang]	Mandarine (f)
норгил	[norgil]	Kokosnuss (f)
норинч	[norindʒ]	Grapefruit (f)
об	[ob]	Wasser (n)
оби чави торик	[obi dʒavi torik]	Dunkelbier (n)

оби ҷави шафоф	[obi ʤavi ʃafof]	Helles (n)
оби минералӣ	[obi minerali:]	Mineralwasser (n)
оби нӯшиданӣ	[obi nœʃidani:]	Trinkwasser (n)
озодмоҳӣ	[ozodmohi:]	Lachs (m)
озодмохӣ	[ozodmoχi:]	atlantische Lachs (m)
олу	[olu]	Pflaume (f)
олуболу	[olubolu]	Sauerkirsche (f)
омлет, тухмбирён	[omlet], [tuχmbirjɔn]	Omelett (n)
орд	[ord]	Mehl (n)
ош шавад!	[oʃ ʃavad]	Guten Appetit!
пӯккашак	[pœkkaʃak]	Korkenzieher (m)
пӯст	[pœst]	Schale (f)
палтус	[paltus]	Heilbutt (m)
панир	[panir]	Käse (m)
папайя	[papajja]	Papaya (f)
паштет	[paʃtet]	Pastete (f)
пешхизмат	[peʃχizmat]	Kellner (m)
пешхизмат	[peʃχizmat]	Kellnerin (f)
пиво	[pivo]	Bier (n)
пиёз	[pijɔz]	Zwiebel (f)
пирог	[pirog]	Kuchen (m)
пирожни	[pirɔʒni]	Törtchen (n)
писта	[pista]	Pistazien (pl)
питса	[pitsa]	Pizza (f)
помидор	[pomidor]	Tomate (f)
порча	[porʧa]	Stück (n)
пудинг	[puding]	Pudding (m)
пур кардани, андохтани	[pur kardani], [andoχtani]	Füllung (f)
пюре	[pjure]	Kartoffelpüree (n)
рӯйхати шаробҳо	[rœjχati ʃarobho]	Weinkarte (f)
равған	[ravʁan]	Fett (n)
равғани зайтун	[ravʁani zajtun]	Olivenöl (n)
равғани маска	[ravʁani maska]	Butter (f)
равғани офтобпараст	[ravʁani oftobparast]	Sonnenblumenöl (n)
равғани пок	[ravʁani pok]	Pflanzenöl (n)
равғанмоҳӣ	[ravʁanmohi:]	Dorsch (m)
растаниҳои ғалладона	[rastanihoi ʁalladona]	Getreidepflanzen (pl)
резгӣ	[rezgi:]	Krümel (m)
ретсепт	[retsept]	Rezept (n)
ром	[rom]	Rum (m)
рон	[ron]	Räucherschinken (m)
сақич, илқ	[saqiʧ], [ilq]	Kaugummi (m, n)
сабзӣ	[sabzi:]	Karotte (f)
сабзавот	[sabzavot]	Gemüse (n)
сабзавот	[sabzavot]	grünes Gemüse (pl)
садафак	[sadafak]	Auster (f)
сайди шикор	[sajdi ʃikor]	Wild (n)
салат	[salat]	Salat (m)
самак	[samak]	Tunfisch (m)
саморис	[samoris]	Sardine (f)
саркушояк	[sarkuʃojak]	Flaschenöffner (m)
саркушояк	[sarkuʃojak]	Dosenöffner (m)

сафедаҳо	[safedaho]	Protein (n)
сафедии тухм	[safedi:i tuχm]	Eiweiß (n)
себ	[seb]	Apfel (m)
симмоҳӣ	[simmohi:]	Brachse (f)
сир	[sir]	Knoblauch (m)
сирко	[sirko]	Essig (m)
соя	[soja]	Sojabohne (f)
спагеттӣ	[spagetti:]	Spaghetti (pl)
стакан	[stakan]	Wasserglas (n)
суфмоҳӣ	[sufmohi:]	Zander (m)
тақсимӣ, тақсимича	[taqsimi:], [taqsimiʧa]	Untertasse (f)
тақсимча	[taqsimʧa]	Teller (m)
талх	[talχ]	bitter
тамашк	[tamaʃk]	Himbeere (f)
таом	[taom]	Gericht (n)
таомҳо	[taomho]	Küche (f)
тарбуз	[tarbuz]	Wassermelone (f)
таррак	[tarrak]	Zucchini (f)
таъм	[ta'm]	Beigeschmack (m)
тилим, порча	[tilim], [porʧa]	Scheibchen (n)
торт	[tort]	Torte (f)
тути заминӣ	[tuti zamini:]	Walderdbeere (f)
тухм	[tuχm]	Ei (n)
тухм	[tuχm]	Eier (pl)
тухмбирён	[tuχmbirjɔn]	Spiegelei (n)
тухми бодиён	[tuχmi bodijɔn]	Anis (m)
тухми моҳӣ	[tuχmi mohi:]	Kaviar (m)
угро	[ugro]	Nudeln (pl)
финдиқ	[findiq]	Haselnuss (f)
финдуки заминӣ	[finduki zamini:]	Erdnuss (f)
хӯриш	[χœriʃ]	Gewürz (n)
хӯриш, газак	[χœriʃ], [gazak]	Vorspeise (f)
хӯриши таом	[χœriʃi taom]	Beilage (f)
хӯрок, таом	[χœrok], [taom]	Essen (n)
хӯроки пешин	[χœroki peʃin]	Mittagessen (n)
хӯша	[χœʃa]	Ähre (f)
харгӯш	[χargœʃ]	Kaninchenfleisch (n)
хардал	[χardal]	Senf (m)
харчанг	[χarʧang]	Krabbe (f)
хунук	[χunuk]	kalt
хурмо	[χurmo]	Dattel (f)
хушк	[χuʃk]	getrocknet
чангча, чангол	[ʧangʧa], [ʧangol]	Gabel (f)
черника	[ʧernika]	Heidelbeere (f)
чои кабуд	[ʧoi kabud]	grüner Tee (m)
чой	[ʧoj]	Tee (m)
чойи сиёҳ	[ʧoji sijɔh]	schwarzer Tee (m)
чойкошук	[ʧojkoʃuk]	Teelöffel (m)
чойпулӣ	[ʧojpuli:]	Trinkgeld (n)
чормағз	[ʧormaʁz]	Walnuss (f)
шӯла	[ʃœla]	Brei (m)
шӯр	[ʃœr]	salzig

шӯрбо	[ʃœrbo]	Suppe (f)
шӯрмохӣ	[ʃœrmohiː]	Hering (m)
шӯртан	[ʃœrtan]	Hecht (m)
шакар	[ʃakar]	Zucker (m)
шалғам	[ʃalʁam]	Rübe (f)
шалғамча	[ʃalʁamtʃa]	Radieschen (n)
шампан	[ʃampan]	Champagner (m)
шарбат	[ʃarbat]	Saft (m)
шароб, май	[ʃarob], [maj]	Wein (m)
шафтолу	[ʃaftolu]	Pfirsich (m)
шибит	[ʃibit]	Dill (m)
шир	[ʃir]	Milch (f)
ширқахва	[ʃirqahva]	Milchkaffee (m)
ширқиём	[ʃirqijom]	Kondensmilch (f)
шираи помидор	[ʃirai pomidor]	Tomatensaft (m)
ширин	[ʃirin]	süß
шоколад	[ʃokolad]	Schokolade (f)
шом	[ʃom]	Abendessen (n)
ярма	[jarma]	Grütze (f)
ях	[jaχ]	Eis (n)
яхкарда	[jaχkarda]	tiefgekühlt
яхмос	[jaχmos]	Eis (n)
... и шоколад, шоколадӣ	[i ʃokolad], [ʃokoladiː]	Schokoladen-